1 アルファベット(1)

完成目標時間 20分

復習の めやす
アルファベットをしっかり復習しよう！
0点 80点 合格

合計

01

〈アルファベットの大文字の読み方がわかる〉

1 音声を聞いて，その読み方に合う文字を○て…しましょう。

〔1問 4点〕

/16点

(1) I A

(2) J K

(3) P Y

(4) C Z

〈アルファベットの大文字の順番がわかる〉

2 アルファベットを正しい順番にならべて書きましょう。

〔1問 完答5点〕

/10点

(1) E G F

(2) S V U T

〈アルファベットの大文字を聞いて書くことができる〉

3 音声を聞いて，聞こえたアルファベットの大文字を　から選んで書きましょう。

〔1問 4点〕

/24点

(1)

(2)

(3)

(4)

(5)

(6)

B O Q R W X

02

〈アルファベットの小文字の読み方がわかる〉

4 音声を聞いて，その読み方に合う文字を○でかこみましょう。

〔1問 4点〕

/16点

(1)

t	p

(2)

a	o

(3)

g	q

(4)

n	m

〈アルファベットの小文字の順番がわかる〉

5 アルファベットを正しい順番にならべて書きましょう。

〔1問 完答5点〕

/10点

(1) x w v

(2) j h k i

〈アルファベットの小文字を聞いて書くことができる〉

6 音声を聞いて，聞こえたアルファベットの小文字を から選んで書きましょう。

〔1問 4点〕

/24点

(1)

(2)

(3)

(4)

(5)

(6)

l r s u y z

2 アルファベット(2)

完成目標時間 20分

03

〈アルファベットの大文字と小文字の読み方がわかる〉

1 大文字と小文字の正しい組み合わせを○でかこみましょう。

〔1問 3点〕

(1)

D－p	D－d

(2)

Q－q	Q－b

(3)

S－s	S－z

(4)

G－q	G－g

〈アルファベットの大文字と小文字の正しい組み合わせがわかる〉

2 アルファベットの大文字と小文字を正しく線で結びましょう。

〔1問 4点〕

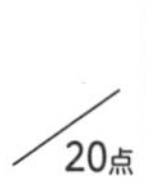

A　H　M　U　Y

m　y　u　a　h

〈アルファベットの大文字と小文字の読み方がわかる〉

3 音声を聞いて，聞こえたアルファベットと合っているものを○でかこみましょう。

〔1問 3点〕

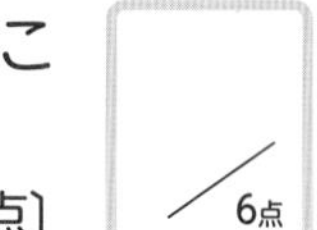

(1)

H-B	H-V

(2)

o-q-p	o-p-q

〈アルファベットの大文字と小文字の組み合わせがわかる〉

4 アルファベットの大文字には対応(たいおう)する小文字を，小文字には対応する大文字を正しく書きましょう。

／32点

〔1問 4点〕

(1) F

(2) I

(3) k

(4) Q

(5) a

(6) H

(7) B

(8) n

〈アルファベットを聞いて書くことができる〉

5 音声を聞いて，聞こえたアルファベットの大文字と小文字を書きましょう。

／30点

〔1問 完答5点〕

(1)

(2)

(3)

(4)

(5)

(6)

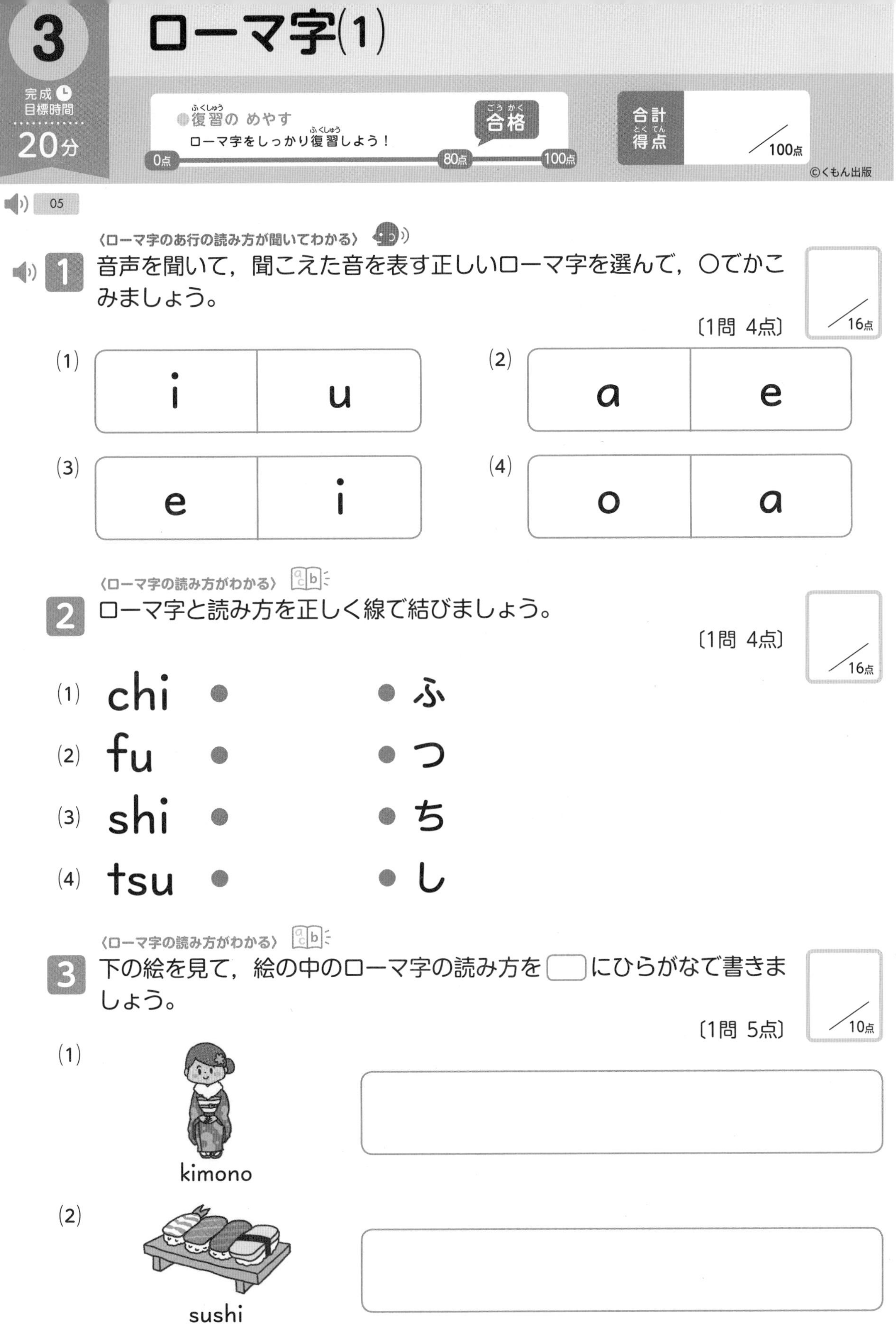

3 ローマ字(1)

完成目標時間 20分

●復習(ふくしゅう)の めやす
ローマ字をしっかり復習(ふくしゅう)しよう！
0点 80点 合格(ごうかく) 100点

合計得点(とくてん) /100点

05

〈ローマ字のあ行の読み方が聞いてわかる〉

1 音声を聞いて，聞こえた音を表す正しいローマ字を選んで，○でかこみましょう。

〔1問 4点〕 /16点

(1) i　u

(2) a　e

(3) e　i

(4) o　a

〈ローマ字の読み方がわかる〉

2 ローマ字と読み方を正しく線で結びましょう。

〔1問 4点〕 /16点

(1) chi ●　　● ふ

(2) fu ●　　● つ

(3) shi ●　　● ち

(4) tsu ●　　● し

〈ローマ字の読み方がわかる〉

3 下の絵を見て，絵の中のローマ字の読み方を□にひらがなで書きましょう。

〔1問 5点〕 /10点

(1) kimono

(2) sushi

〈ローマ字のあ行の書き方が聞いてわかる〉

4 音声を聞いて，聞こえた音を表す正しいローマ字を，小文字で書きましょう。

〔1問 5点〕 ／20点

(1)　(2)　(3)　(4)

〈ローマ字の読み方がわかる〉

5 日本語と正しいローマ字を線で結びましょう。

〔1問 4点〕 ／20点

(1)	アニメ ●	● okonomiyaki
(2)	お好み焼き(おこのみやき) ●	● shinkansen
(3)	桜(さくら) ●	● onsen
(4)	新幹線(しんかんせん) ●	● anime
(5)	温泉(おんせん) ●	● sakura

〈ローマ字の書き方がわかる〉

6 絵と日本語に合う正しいローマ字を小文字で書きましょう。

〔1問 9点〕 ／18点

(1)

かるた

(2)

すもう

4 ローマ字(2)

完成目標時間 20分

復習(ふくしゅう)の めやす
ローマ字をしっかり復習(ふくしゅう)しよう！
0点 80点 合格(ごうかく) 100点

合計得点(とくてん) /100点

〈ローマ字の読み方がわかる〉

1 ローマ字の読み方を，□にひらがなで書きましょう。

〔1問 5点〕 /20点

(1) origami

(2) Hama-cho

(3) kabuki

(4) Sapporo

〈ローマ字の書き方のルールがわかる〉

2 絵が表しているものをローマ字で書くとき，＿＿に入るものを□から選んで書きましょう。

〔1問 5点〕 /30点

(1) to ＿＿ u

(2) ori ＿＿ uru

(3) ha ＿＿ pi

(4) nin ＿＿ a

(5) sh ＿＿ gi

(6) te ＿＿ pura

f j o p m t z

〈ローマ字の書き方がわかる〉

3 日本にあるものを，ローマ字を使って英語にします。正しいものを(　　)から選んで書きましょう。

〔1問 6点〕

/12点

(1) 成田国際空港(なりたこくさいくうこう)

International Airport

(Narita / Nalita)

(2) 琵琶湖(びわこ)

Lake

(Viwa / Biwa)

〈ローマ字の書き方がわかる〉

4 下の日本地図の中の日本語に合うローマ字を書きましょう。最初の文字は大文字で，ほかの文字は小文字で書きましょう。

〔1問 6点〕

/30点

(1) 北海道(ほっかいどう)

(2) 本州(ほんしゅう)

(3) 四国(しこく)

(4) 九州(きゅうしゅう)

(5) 沖縄(おきなわ)

(1)

(2)

(3)

(4)

(5)

〈ローマ字の書き方がわかる〉

5 例を見て，ひらがなとローマ字で自分の住んでいる都道府県を書きましょう。

〔8点〕

/8点

(例) にっぽん — Nippon

—

5 3・4年の復習(1)

完成目標時間 20分

復習(ふくしゅう)の めやす
3・4年生の内容(ないよう)をしっかり復習(ふくしゅう)しよう！

0点 80点 合格(ごうかく) 100点

合計得点(とくてん)　／100点

09

〈出会ったときの表現が聞いてわかる〉

1 音声を聞いて，その内容(ないよう)に合う絵の記号を○でかこみましょう。

〔1問 6点〕　／24点

(1) a　b

(2) a　b

(3) a　b

(4) a　b

〈生活の場面に合った表現が聞いてわかる〉

2 音声を聞いて，その内容に合う絵の記号を書きましょう。

〔1問 8点〕　／24点

(1) (　　　)　(2) (　　　)　(3) (　　　)

ア　イ　ウ

〈スポーツを表す語句が聞いてわかる〉

3 音声を聞いて，絵の内容と合っていれば○，合わなければ×を書きましょう。

〔1問 8点〕　／24点

(1)（　　）　(2)（　　）　(3)（　　）

〈くだもの・野菜を表す語句が聞いてわかる〉

4 音声を聞いて，その内容に合う絵を1つずつ ⬚ から選んで記号を書きましょう。

〔1問 7点〕　／28点

(1)（　　）　(2)（　　）　(3)（　　）　(4)（　　）

ア　イ　ウ

エ　オ　カ

6 3・4年の復習(2)

完成目標時間 20分

復習の めやす
3・4年生の内容をしっかり復習しよう！
0点　80点　100点　合格

合計得点　／100点

11

〈好きなものを伝える文が聞いてわかる〉

1 音声を聞いて，その内容に合う絵の記号を○でかこみましょう。

〔1問 7点〕　／28点

(1) a　b

(2) a　b

(3) a　b

(4) a　b

〈曜日・時刻を伝える文が聞いてわかる〉

2 音声を聞いて，絵の内容と合っていれば○，合わなければ×を書きましょう。

〔1問 8点〕　／24点

(1)　(　　)

(2)　(　　)

(3)　(　　)

〈場所を伝える文が聞いてわかる〉

3 ユキがマイクに教室の場所を説明しています。音声を聞いて，下の図のどの教室へ行く説明かを選んで記号を書きましょう。２人は図の中の★のところにいます。〔1問　8点〕

/24点

(1) (　　　)　(2) (　　　)　(3) (　　　)

ア　イ　ウ

★

Yuki　Mike

〈身の回りのことについてたずねる会話が聞いてわかる〉

4 音声を聞いて，その内容(ないよう)に合う絵の記号を○でかこみましょう。〔1問　6点〕

/24点

(1) a　b 　(2) a 　b

(3) a 　b 　(4) a 　b

完成目標時間 25分

My name is Shota.

基本の問題のチェックだよ。
できなかった問題は,しっかり学習してから完成テストをやろう！

合計得点 /100点

13

〈自己紹介で使う語句が聞いてわかる〉

1 音声を聞いて，その内容に合う絵の記号を○でかこみましょう。〔1問 7点〕 /28点

(1) a b

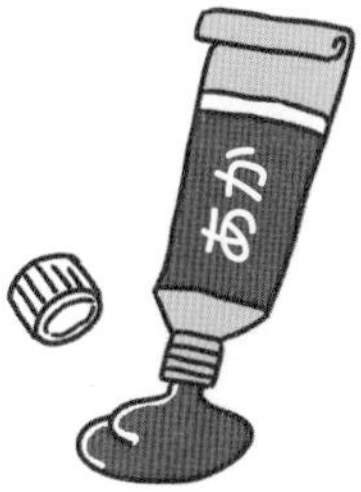

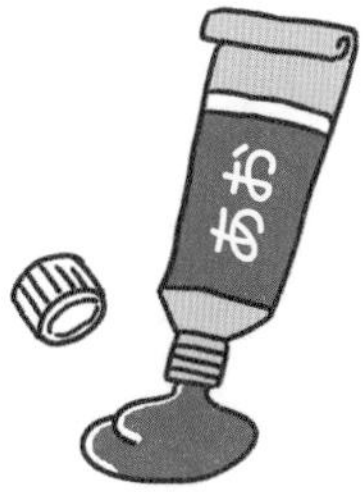

あか あお

(2) a 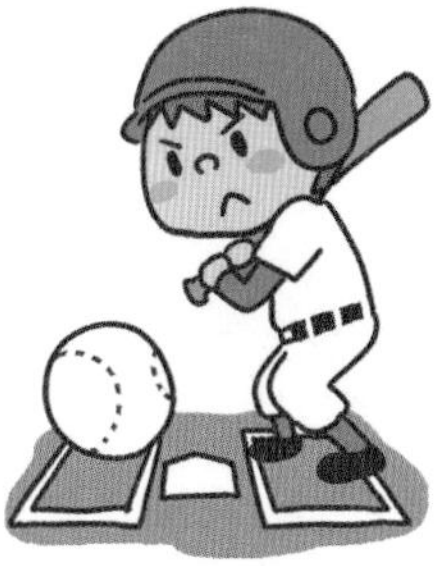 b

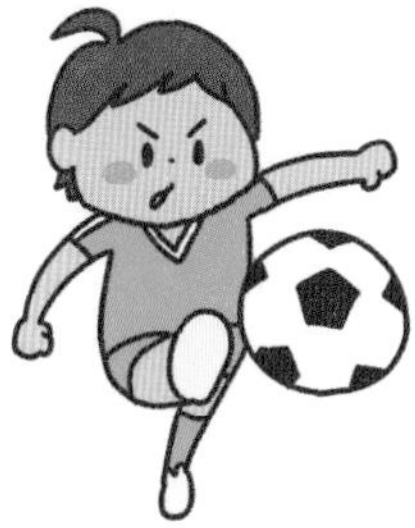

(3) a 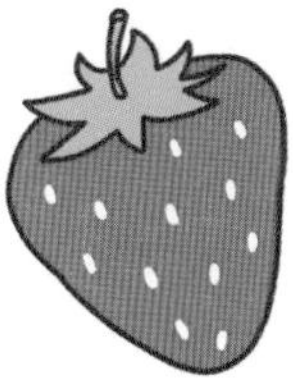 b

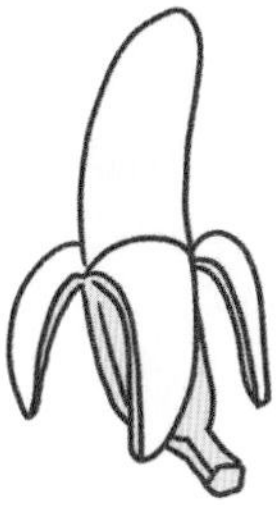

(4) a 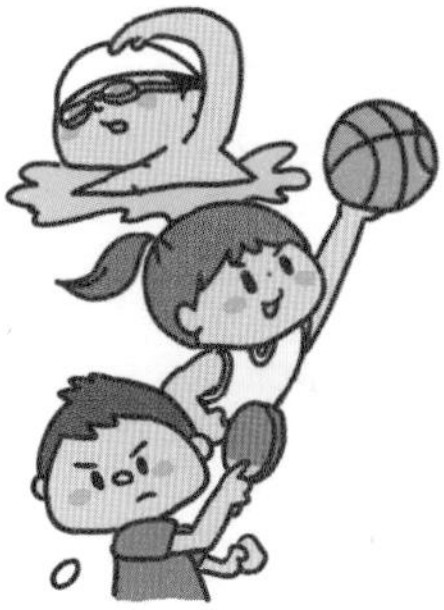 b

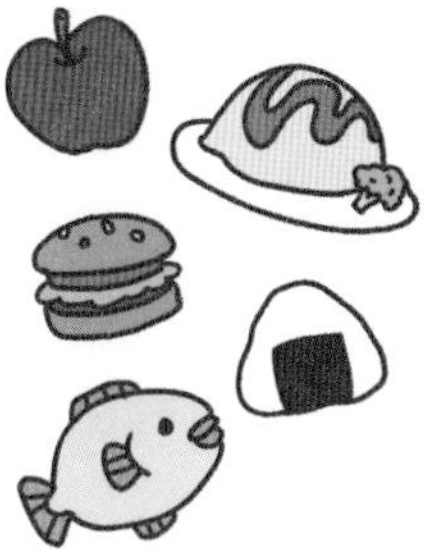

〈自己紹介で使う語句が聞いてわかる〉

2 音声を聞いて,絵の内容と合っていれば○,合わなければ×を書きましょう。〔1問 8点〕 /24点

(1) (　　)

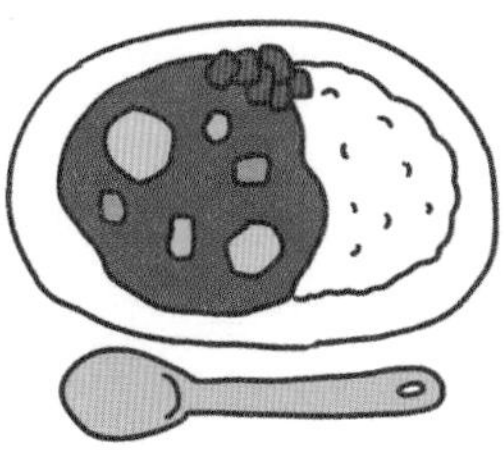

(2) (　　)

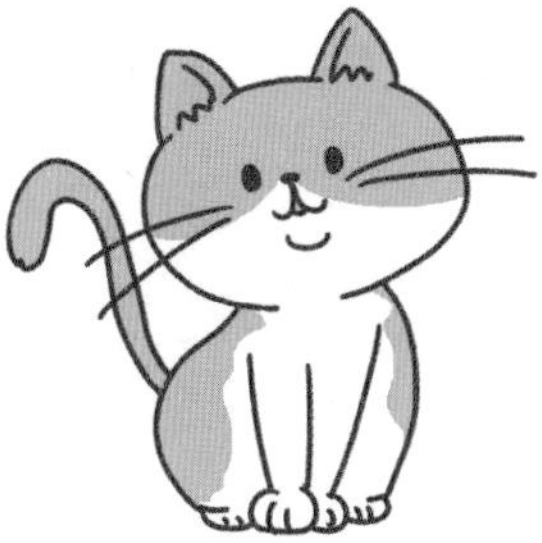

(3) (　　)

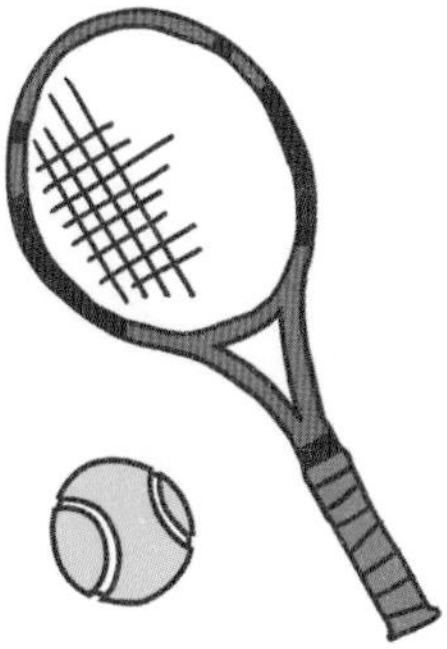

〈自己紹介で使う語句が読んでわかる〉

3 絵に合う語句を選んで正しく線で結びましょう。

〔1問 8点〕

/32点

(1) ● ● carrot

(2) ● ● badminton

(3) ● ● onion

(4) ● ● basketball

〈自己紹介を表す語句を聞いて書きうつすことができる〉

4 音声を聞いて，絵を表す語句を下の から選んで書きましょう。

〔1問 8点〕

/16点

(1)

山田太郎

(2)

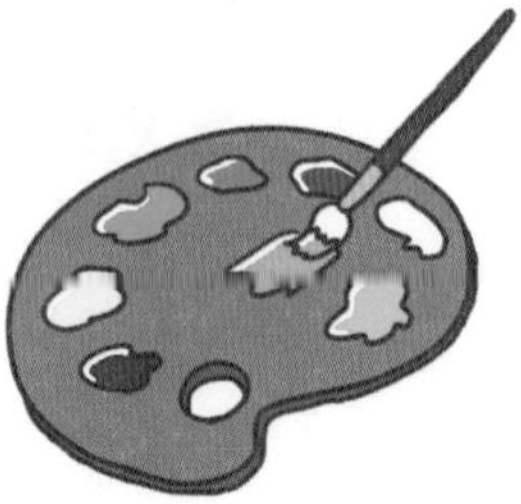

color name like

My name is Shota.

基本の問題のチェックだよ。
できなかった問題は，しっかり学習してから完成テストをやろう！

合計得点 /100点

15

〈自己紹介で使う文が聞いてわかる〉

1 音声を聞いて，その内容に合う絵の記号を○でかこみましょう。

〔1問 7点〕

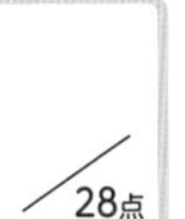

/28点

(1) a　b

Shota

(2) a　b

(3) a　b

(4) a　b

〈自己紹介で使う会話を聞いて理解できる〉

2 音声を聞いて，聞こえた順に□に番号を書きましょう。

〔1問 8点〕

/24点

〈自己紹介で使う文が読んでわかる〉

3 英文が表す絵を選んで正しく線で結びましょう。

〔1問 8点〕

(1) I like soccer and baseball. ●　　　● 

(2) I like yellow. ●　　　● 

(3) I want chocolate. ●　　　● 

〈アルファベットを書きうつすことができる〉

4 絵を見て，次の英文の＿＿に入る正しいアルファベットを(　　)から選んで書きましょう。

〔1問 8点〕

(1)

Hi. My name is ＿＿＿ akashi.

Nice to meet you. (T / S)

(2)

Hi. My name is Sak ＿＿＿ ra.

(o / u)

(3)

Hi. My name is Emi. E – ＿＿＿ – I.

(n / M)

My name is Shota.

復習の めやす 合格
基本テスト・関連ドリルなどでしっかり復習しよう！
0点 80点 100点

合計得点 /100点

17

1 音声を聞いて，絵の内容に合う英語の記号を○でかこみましょう。

〔1問 8点〕 /24点

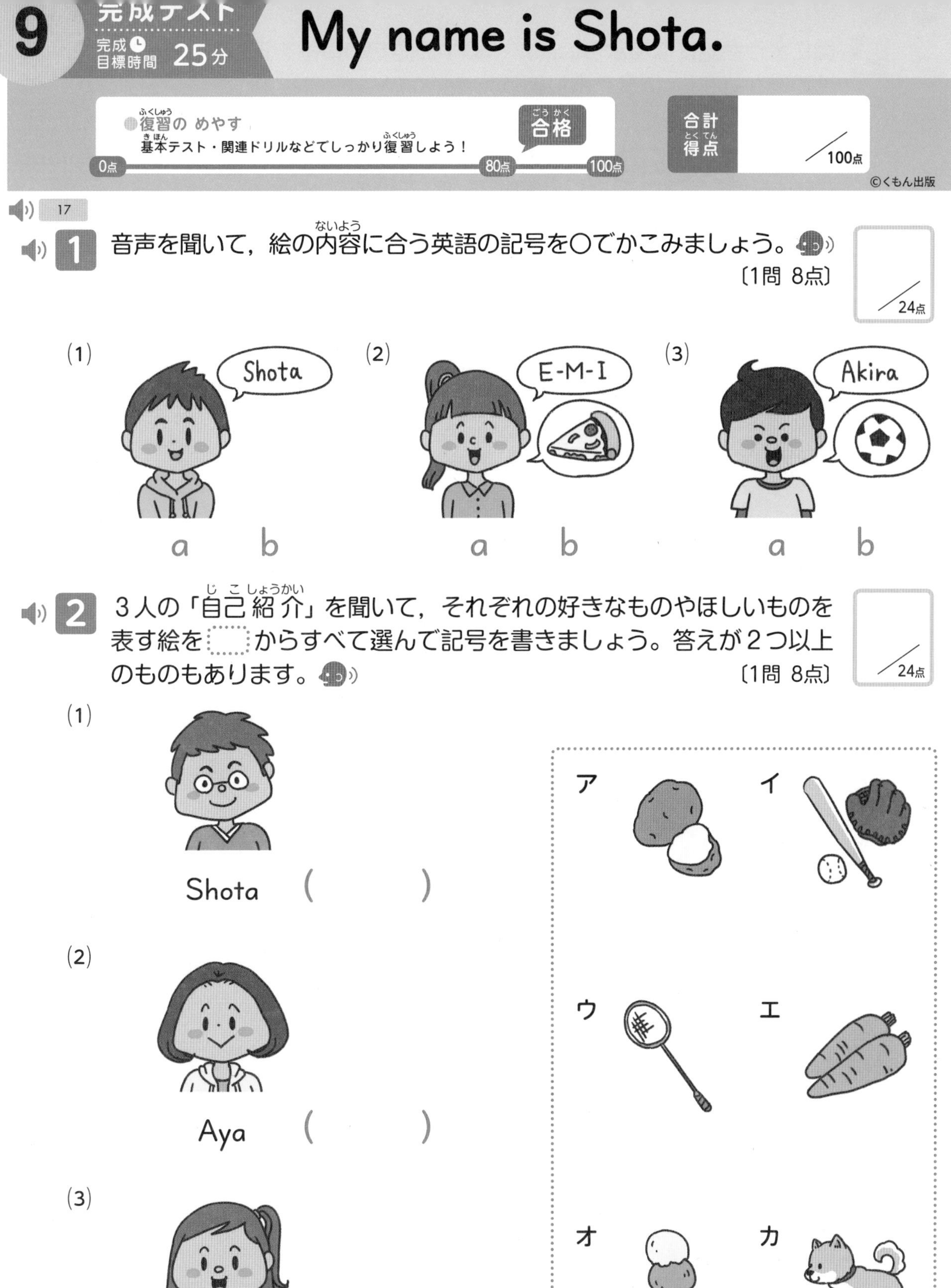

(1) a b

(2) a b

(3) a b

2 ３人の「自己紹介」を聞いて，それぞれの好きなものやほしいものを表す絵を［ ］からすべて選んで記号を書きましょう。答えが２つ以上のものもあります。

〔1問 8点〕 /24点

(1) Shota ( )

(2) Aya ( )

(3) Natsumi ( )

ア イ ウ エ オ カ

3 絵に合う会話になるように，□の中の語句の順番を正しくならべかえてⓐかⓘを□に書きましょう。

〔1問 10点〕 ／20点

(1)

(①) (②) Takuya. Nice to meet you.
— Hi, Takuya. I'm Kate.

ⓐ is　　ⓘ My name

① □　② □

(2)

What fruit do you like?
— I (①) (②).

ⓐ bananas　　ⓘ like

① □　② □

4 音声を聞いて，相手の名前の正しいつづりを大文字で＿＿に書きましょう。

〔1問 8点〕 ／16点

(1)

A - ＿＿ - ＿＿

(2)

＿＿ - A - ＿＿ - A - T - ＿＿

Let's challenge!

5 □から自分が好きなものを選んで，＿＿に書きましょう。

〔16点〕 ／16点

I like ＿＿＿＿＿＿＿＿.

baseball　　red　　pizza

10 基本テスト① When is your birthday?

完成目標時間 25分

基本の問題のチェックだよ。
できなかった問題は，しっかり学習してから完成テストをやろう！

合計得点 ／100点

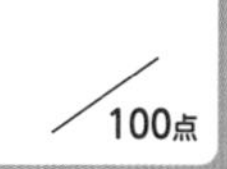

19

〈月を表す語句が聞いてわかる〉

1 音声を聞いて，その内容に合う絵の記号を○でかこみましょう。〔1問 7点〕

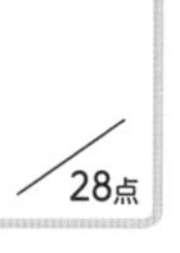

／28点

(1) a b

(2) a b

(3) a b

(4) a b

〈月，日を表す語句が聞いてわかる〉

2 音声を聞いて，絵の内容と合っていれば○，合わなければ×を書きましょう。〔1問 8点〕

／24点

(1)

(　　)

(2)

(　　)

(3)

(　　)

〈月，日を表す語句が読んでわかる〉

3 絵に合う語句を選んで正しく線で結びましょう。

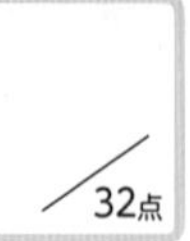

〔1問 8点〕

(1) 

(2) 

(3) 

(4) 

- January 1st
- December 31st
- July 7th
- May 5th

〈行事・月，日を表す語句を書きうつすことができる〉

4 絵が表す語句を下の［　］から選んで書きましょう。

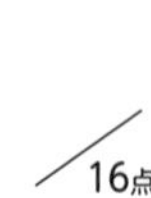

〔1問 8点〕

(1) 

(2)

August 11th	birthday
New Year's Day	November 9th

完成目標時間 25分

When is your birthday?

基本の問題のチェックだよ。
できなかった問題は，しっかり学習してから完成テストをやろう！

合計得点 ／100点

21

〈行事・誕生日を表す会話が聞いてわかる〉

1 音声を聞いて，その内容に合う絵の記号を○でかこみましょう。〔1問 7点〕

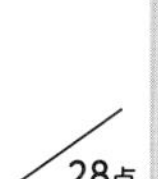

／28点

(1) a 2/4　b 11/4

(2) a 8/10　b 10/8

(3) a 9/5　b 9/15

(4) a 12/25　b 12/31

〈ほしいものを表す文が聞いてわかる〉

2 音声を聞いて，その内容に合うものを正しく線で結びましょう。〔1問 8点〕

／24点

(1)

(2)

(3)

〈行事・誕生日に関する会話を読んで理解できる〉

3 会話が表す絵を選んで正しく線で結びましょう。

〔1問 8点〕

(1) When is your birthday?
— My birthday is October 20th.

(2) When is Star Festival?
— It's July 7th.

(3) What do you want for Christmas?
— I want a soccer ball.

(4) What do you want for your birthday?
— I want a tennis racket.

〈行事・誕生日に関する会話の一部を書きうつすことができる〉

4 絵に合う会話になるように，＿＿に入る正しい語句を（　）から選んで書きましょう。

〔1問 8点〕

(1)

When is your birthday?

— My birthday is ＿＿＿＿＿＿ 15th.

(January / February)

(2)

＿＿＿＿＿＿ is Children's Day?

(What / When)

— It's May 5th.

12 完成テスト When is your birthday?

完成目標時間 25分

23

1 質問を聞いて，絵の内容に合うように答えるとき，正しい英語の記号を○でかこみましょう。 〔1問 8点〕

2 3人の話を聞いて，誕生日とほしいものを正しく線で結びましょう。 〔1問 完答8点〕

(1) Aya

(2) Shota

(3) Saki

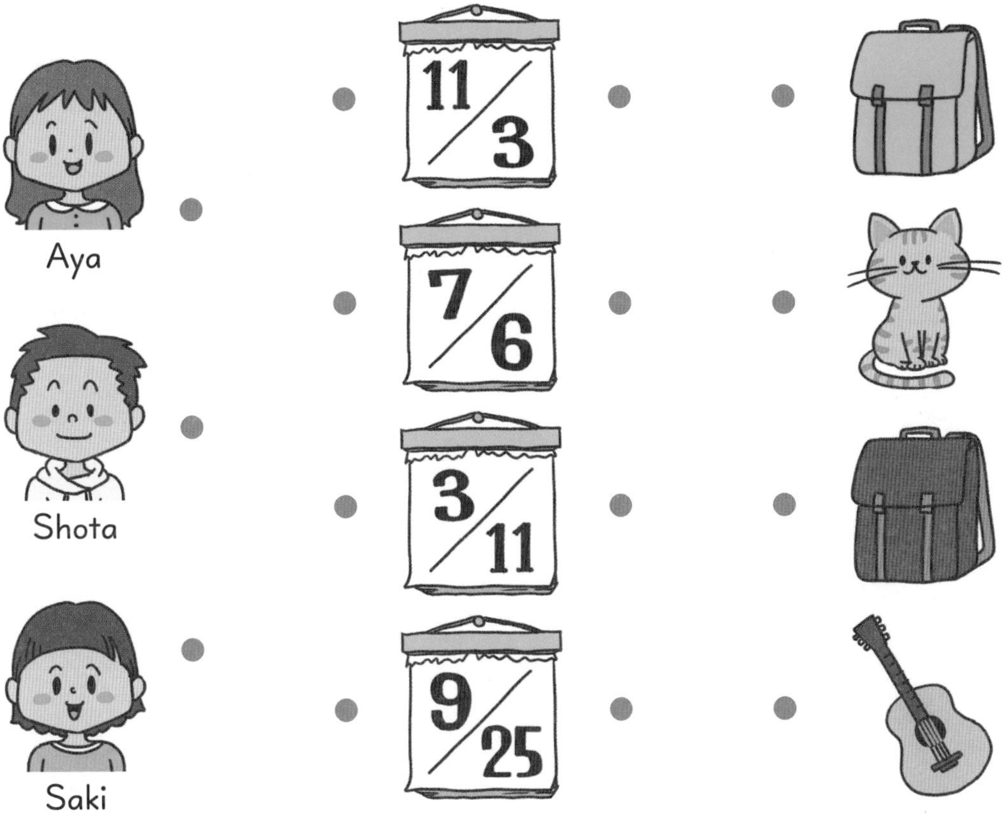

11/3

7/6

3/11

9/25

3 絵に合う会話になるように，（　　）にあてはまる正しい英文を□から選んで，あかいを□に書きましょう。

〔1問 8点〕

/16点

A : (　①　)
B : My birthday is February 9th.
A : (　②　)
B : I want a new T-shirt.

あ What do you want for your birthday?
い When is your birthday?

① □　② □

4 音声を聞いて絵に合う会話になるように，＿＿に入る正しい語句（ごく）を（　）から選んで書きましょう。

〔1問 10点〕

/20点

(1) When is your birthday?

— My birthday is ＿＿＿＿＿＿ 23rd.

(May / March)

(2) What do you want for your birthday?

— I want a new ＿＿＿＿＿＿ .

(book / dog)

Let's challenge!

5 □から自分の誕生月（たんじょうづき）を選んで，＿＿に書きましょう。

〔16点〕

/16点

January	February	March
April	May	June
July	August	September
October	November	December

13 基本テスト① 完成目標時間 25分

What do you have on Mondays?

基本の問題のチェックだよ。
できなかった問題は，しっかり学習してから完成テストをやろう！

合計得点 ／100点

25

〈教科を表す語句が聞いてわかる〉

1 音声を聞いて，その教科に合う絵の記号を○でかこみましょう。〔1問 7点〕

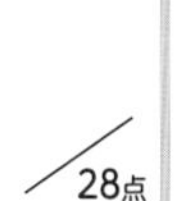

／28点

(1) a b

(2) a b

(3) a b

(4) a b

〈職業を表す語句が聞いてわかる〉

2 音声を聞いて，絵の内容と合っていれば○，合わなければ×を書きましょう。〔1問 8点〕

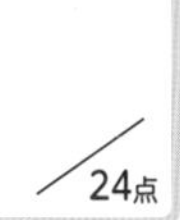

／24点

(1)

(　　)

(2)

(　　)

(3)

(　　)

〈教科を表す語句(ごく)が読んでわかる〉

3 絵に合う語句を選んで正しく線で結びましょう。

〔1問 8点〕 /32点

(1) ● ● math

(2) 英語 ABC ● ● science

(3) 算数 ー × ＋ ÷ ● ● English

(4) 理科 ● ● P.E.

〈曜日を表す語句を書きうつすことができる〉

4 絵が表す語句を下の　　から選んで書きましょう。

〔1問 8点〕 /16点

(1) 火

(2) 日

Monday	Tuesday
Sunday	Friday

14 基本テスト②

完成目標時間 25分

What do you have on Mondays?

基本の問題のチェックだよ。
できなかった問題は,しっかり学習してから完成テストをやろう！

合計得点　　/100点

27

〈教科に関する会話が聞いてわかる〉 

1 音声を聞いて，その内容に合う絵の記号を○でかこみましょう。〔1問 7点〕

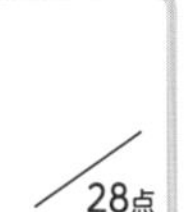

/28点

(1) a

b

(2) a

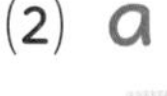

b

(3) a

b

(4) a

b

〈教科を表す文が聞いてわかる〉 

2 音声を聞いて，その内容に合うものを正しく線で結びましょう。〔1問 8点〕

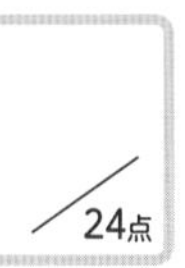

/24点

(1)

(2)

(3)

〈教科に関する会話を読んで理解できる〉

3 会話が表す絵を選んで正しく線で結びましょう。

〔1問 8点〕

(1) What do you have on Mondays?
— I have English.

(2) What do you have on Fridays?
— I have social studies and Japanese.

(3) What do you have on Tuesdays?
— I have two science classes.

(4) Do you have P.E. on Thursdays?
— No, I don't. I have music.

〈教科に関する会話の一部を書きうつすことができる〉

4 絵に合う会話になるように，＿＿に入る正しい語句を(　　)から選んで書きましょう。

〔1問 8点〕

(1)

What do you have on Wednesdays?
— I have ＿＿＿＿＿＿＿＿.

(arts and crafts / English)

(2)

When do you have math and P.E.?
— I have math and P.E.
on ＿＿＿＿＿＿＿＿.

(Sundays / Thursdays)

What do you have on Mondays?

29

1 質問を聞いて，絵の内容に合うように答えるとき，正しい英語の記号を○でかこみましょう。

〔1問 8点〕

/24点

(1)

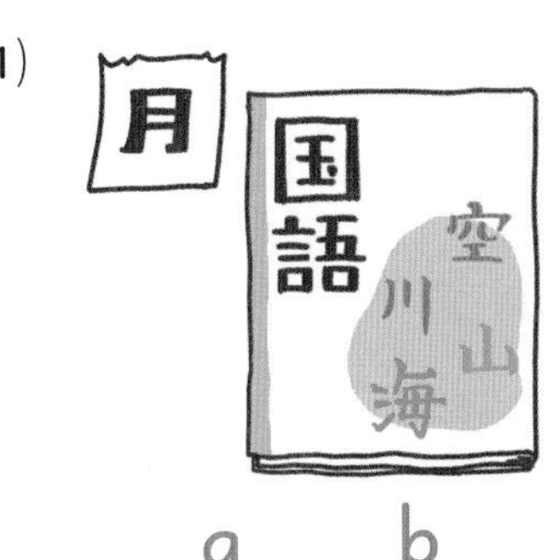

a b

(2)

a b

(3)

a b

2 3人の話を聞いて，好きな教科や勉強したい教科と将来の夢を正しく線で結びましょう。

〔1問 完答8点〕

(1)

Aya

(2)

Shota

(3)

Masato

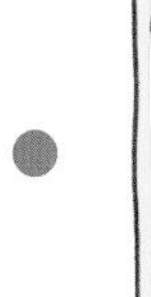

3 次の質問に対する答えの文を読んで，月曜日の時間割と合っていれば〇，合わなければ×を書きましょう。

〔1問 8点〕 /24点

What do you have on Mondays?

(1) I have English. (　　　)

(2) I have science and Japanese. (　　　)

(3) I have P.E., too. (　　　)

Monday 月

1	算数
2	英語
3	理科
4	

4 絵に合う会話になるように，＿＿に入る正しい語句を（　　）から選んで書きましょう。

〔1問 8点〕 /16点

(1) 月 国語

What do you have on Mondays?

— I have ＿＿＿＿＿＿＿＿.

(Japanese / English)

(2) 火 社会

What do you have on ＿＿＿＿＿＿＿＿?

(Tuesdays / Thursdays)

— I have social studies.

Let's challenge!

5 ［　］から自分の好きな教科を選んで，＿＿に書きましょう。

〔12点〕 /12点

国語 社会 英語 算数 理科 音楽

I like ＿＿＿＿＿＿＿＿.

Japanese	English math	science
social studies	arts and crafts	music P.E.
home economics	moral education	calligraphy

16 基本テスト①
完成目標時間 25分

What time do you get up?

基本の問題のチェックだよ。
できなかった問題は，しっかり学習してから完成テストをやろう！

合計得点　／100点

31

〈一日の生活を表す語句が聞いてわかる〉

1 音声を聞いて，その動作に合う絵の記号を○でかこみましょう。

〔1問 7点〕

／28点

(1) a　　b　　(2) a　　b

(3) a　　b　　(4) a　　b

〈一日の生活を表す語句が聞いてわかる〉

2 音声を聞いて，絵の内容と合っていれば○，合わなければ×を書きましょう。

〔1問 8点〕

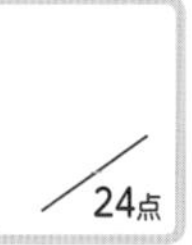

／24点

(1)

(　　)

(2)

(　　)

(3)

(　　)

〈一日の生活を表す語句が読んでわかる〉

3 絵に合う語句を選んで正しく線で結びましょう。

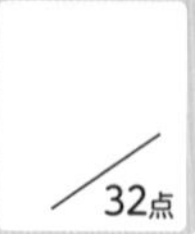

〔1問 8点〕

(1)  ● ● study English

(2)  ● ● eat lunch

(3)  ● ● go to bed

(4) 

● ● wash the dishes

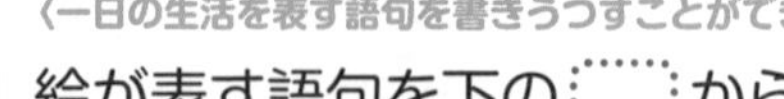

〈一日の生活を表す語句を書きうつすことができる〉

4 絵が表す語句を下の から選んで書きましょう。

〔1問 8点〕

(1) 

(2) 

wash the dishes　get up
clean my room　walk my dog

What time do you get up?

基本の問題のチェックだよ。
できなかった問題は，しっかり学習してから完成テストをやろう！

合計得点 ／100点

33

〈一日の生活を表す会話が聞いてわかる〉

1 音声を聞いて，その内容に合う絵の記号を○でかこみましょう。

〔1問 7点〕

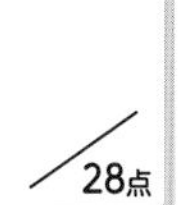
／28点

(1) a

b

(2) a

b

(3) a

b

(4) a

b

〈一日の生活を表す文が聞いてわかる〉

2 音声を聞いて，その内容に合うものを正しく線で結びましょう。

〔1問 8点〕

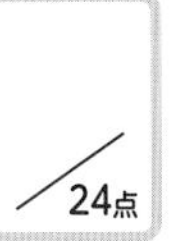
／24点

(1)

(2)

(3)

3 会話が表す絵を選んで，正しく線を結びましょう。

〔1問 8点〕

(1) What time do you get up?
— I get up at 6:00. ● ●

(2) What time do you wash the dishes?
— I wash the dishes at 7:00. ● ●

(3) What time do you walk your dog?
— I walk my dog at 7:30. ● ●

(4) What time do you clean your room?
— I clean my room at 10:00 on Sundays. ● ●

〈一日の生活を表す会話の一部を書きうつすことができる〉

4 絵に合う会話になるように，＿＿に入る正しい語句を（　　）から選んで書きましょう。

〔1問 8点〕

(1)

What time do you get up?

— ＿＿＿＿＿＿＿＿ get up at 6:00.

(I / You)

(2)

＿＿＿＿＿＿＿＿ time do you eat dinner?

(What / How)

— I eat dinner at 7:00.

What time do you get up?

35

1 質問を聞いて，絵の内容に合うように答えるとき，正しい英語の記号を○でかこみましょう。〔1問 8点〕

(1)

a　b

(2)

a　b

(3)

a　b

2 3人の話を聞いて，家での役割を正しく線で結びましょう。2つ結ぶものもあります。〔1問 完答8点〕

(1)

Emily

Takuya

John

3 絵に合う会話になるように，の中の語句(ごく)の順番を正しくならべかえてあかいをに書きましょう。

〔1問 完答10点〕 /20点

(1)

What time do you get up?
— I (①) (②).

あ at 6:00　い get up

① ②

(2)

(①) do you (②)?
— I usually take a bath at 7:00.

あ What time　い take a bath

① ②

4 絵に合う会話になるように，に入る正しい語句を（　）から選んで書きましょう。

〔1問 10点〕 /20点

(1)

______ time do you get up?

(What / How)

— I get up at 7:00.

(2)

What time do you get up?

— I ______ up at 6:30.

(go / get)

Let's challenge!

5 から自分が学校から家に帰る時間を選んでに書きましょう。

〔12点〕 /12点

I go home at ___:___.

3:00	3:30	4:00	4:30
5:00	5:30	6:00	6:30

19 基本テスト① 完成目標時間 25分

Can you run fast?

基本の問題のチェックだよ。
できなかった問題は，しっかり学習してから完成テストをやろう！

合計得点 /100点

〈動作を表す語句が聞いてわかる〉

1 音声を聞いて，その動作に合う絵の記号を○でかこみましょう。〔1問 7点〕

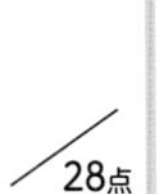

(1) a b

(2) a b

(3) a b

(4) a b

〈動作を表す語句が聞いてわかる〉

2 音声を聞いて，絵の内容と合っていれば○，合わなければ×を書きましょう。〔1問 8点〕

/24点

(1)

(　　)

(2)

(　　)

(3)

(　　)

〈動作を表す語句が読んでわかる〉

3 絵に合う語句を選んで正しく線で結びましょう。

〔1問 8点〕

/32点

(1) ● ● sing well

(2) ● ● speak English

(3) ● ● play badminton

(4) ● ● swim fast

〈動作を表す語句を書きうつすことができる〉

4 絵が表す語句を下の[　　]から選んで書きましょう。

〔1問 8点〕

/16点

(1)

(2)

run fast　　dance well
play the piano　　play soccer

20 基本テスト② 完成目標時間 25分

Can you run fast?

基本の問題のチェックだよ。
できなかった問題は，しっかり学習してから完成テストをやろう！

合計得点　/100点

39

〈できることをたずねる会話が聞いてわかる〉

1 音声を聞いて，その内容に合う絵の記号を○でかこみましょう。

〔1問 7点〕

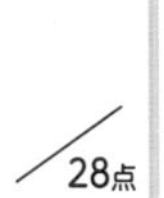

/28点

(1) a  b 

(2) a  b 

(3) a  b 

(4) a 

b 

〈友だちができることを表す文が聞いてわかる〉

2 音声を聞いて，それぞれの人ができることを正しく線で結びましょう。

〔1問 8点〕

/24点

(1)  ● ● 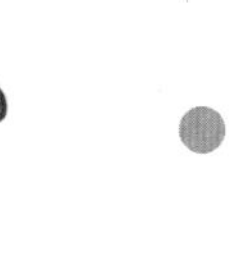 

(2)  ● ●  

(3)  ● ●  

〈できることをたずねる会話を読んで理解(りかい)できる〉

3 会話が表す絵を選んで正しく線で結びましょう。

〔1問 8点〕

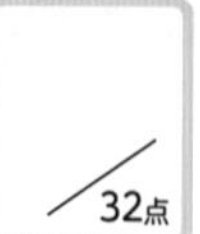

(1) Can you jump high?
— Yes, I can.

(2) Can you cook *sukiyaki*?
— No, I can't.

(3) Can you sing well?
— Yes, I can.
I can dance well, too.

(4) Can you play the piano?
— No, I can't.
I can play the recorder.

〈できることをたずねる会話の一部を書きうつすことができる〉

4 絵に合う会話になるように, ＿＿ に入る正しい語句(ごく)を(　　)から選んで書きましょう。

〔1問 8点〕

(1)

＿＿＿＿＿＿ you play badminton?

(Can / Why)

— Yes, I can.

(2)

Can you skate well?

— No, I ＿＿＿＿＿＿ .

(can / can't)

21 完成テスト Can you run fast?

完成目標時間 25分

41

1 質問を聞いて，絵の内容に合うように答えるとき，正しい英語の記号を○でかこみましょう。

〔1問 8点〕

(1)

a　b

(2)

a　b

(3)

a　b

2 3人の生徒を紹介しています。できることを表す絵を［　］からすべて選んで記号を書きましょう。できることが2つある人もいます。

〔1問 完答8点〕

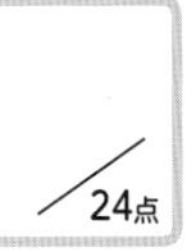

(1)

Aya (　　　)

(2)

Shota (　　　)

(3)

Masato (　　　)

ア

イ

ウ

エ

オ

カ

3 絵に合う文になるように，(　　)にあてはまる正しい英文を［　］から選んで，あかいを［　］に書きましょう。

〔1問 10点〕　／20点

(1)

Can you play *kendama*?
— (　　　　　　　　)

あ Yes, I can.　い No, I can't.

(2)

This is Emi. (　　　　　　　　)

あ She can ride a unicycle.
い She can play the guitar.

4 絵に合う会話になるように，＿＿に入る正しい語句を(　　)から選んで書きましょう。

〔1問 8点〕　／16点

(1)

＿＿＿＿ you sing well?

(Can / What)

— Yes. I can sing very well.

(2)

Can you play the guitar?

— No, I ＿＿＿＿.

(can / can't)

Let's challenge!

5 ［　］から自分が得意なスポーツを選んで，＿＿に書きましょう。

〔16点〕　／16点

I can play ＿＿＿＿＿＿＿＿ well.

badminton	baseball
table tennis	soccer

I want to go to Italy.

基本の問題のチェックだよ。
できなかった問題は，しっかり学習してから完成テストをやろう！

合計得点 ／100点

43

〈国を表す語句が聞いてわかる〉 

1 音声を聞いて，関係のある絵の記号を○でかこみましょう。
〔1問 7点〕

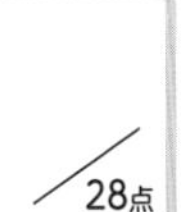

／28点

(1) a  b

(2) a b

(3) a  b

(4) a  b

〈動作を表す語句が聞いてわかる〉

2 音声を聞いて，絵の内容と合っていれば○，合わなければ×を書きましょう。
〔1問 8点〕

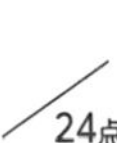
／24点

(1)

(　　)

(2)

(　　)

(3)

(　　)

〈動作を表す語句が読んでわかる〉

3 絵に合う語句を選んで正しく線で結びましょう。

〔1問 8点〕

／32点

(1) ● ● see

(2) ● ● buy

(3) ● ● study

(4) ● ● eat

〈国や動作を表す語句を書きうつすことができる〉

4 絵が表す語句を下の から選んで書きましょう。

〔1問 8点〕

／16点

(1)

(2)

India	Canada
go	eat

23 基本テスト②

完成目標時間 25分

I want to go to Italy.

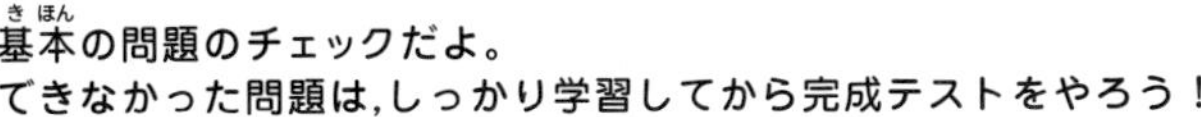
基本の問題のチェックだよ。
できなかった問題は，しっかり学習してから完成テストをやろう！

合計得点 ／100点

45

〈したいことを表す文が聞いてわかる〉

1 音声を聞いて，その内容に合う絵の記号を○でかこみましょう。

〔1問 7点〕

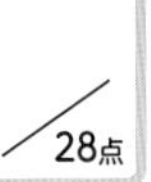
／28点

(1) a

b

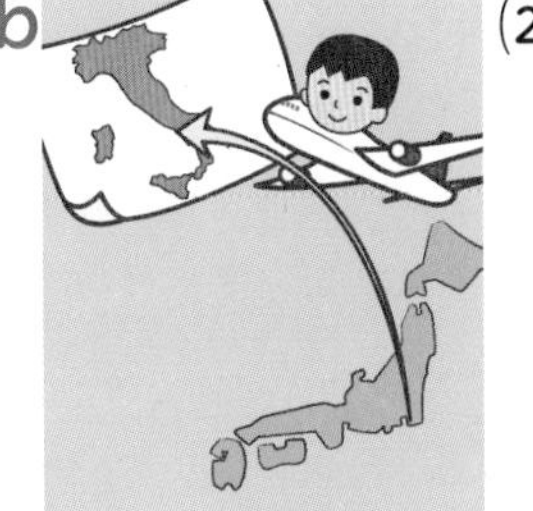

(2) a

b

(3) a

b

(4) a

b

〈したいことを表す会話が聞いてわかる〉

2 音声を聞いて，その内容に合うものを正しく線で結びましょう。

〔1問 完答8点〕

／24点

(1)

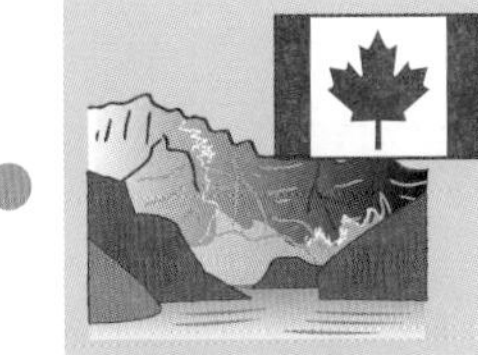
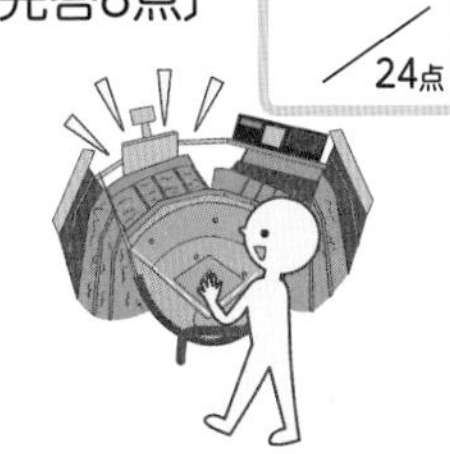

(2)

(3)

〈したいことを表す会話を読んで理解できる〉

3 会話が表す絵を選んで正しく線で結びましょう。

〔1問 8点〕

(1) Where do you want to go?
— I want to go to Canada.

(2) What do you want to do in Australia?
— I want to see koalas.

(3) Where do you want to go?
— I want to go to America.

(4) What do you want to do in Kagawa?
— I want to eat *udon*.

〈したいことを表す会話の一部を書きうつすことができる〉

4 絵に合う会話になるように，＿＿に入る正しい語句を（　　）から選んで書きましょう。

〔1問 8点〕

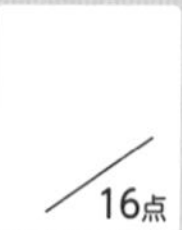

(1)

Where do you want to go?

— I want to ＿＿＿＿＿＿ to France.

(do / go)

(2)

What do you want to eat in India?

— I want to ＿＿＿＿＿＿ curry and nan.

(visit / eat)

I want to go to Italy.

47

1 質問を聞いて，絵の内容に合うように答えるとき，正しい英語の記号を○でかこみましょう。

〔1問 8点〕 /24点

(1)

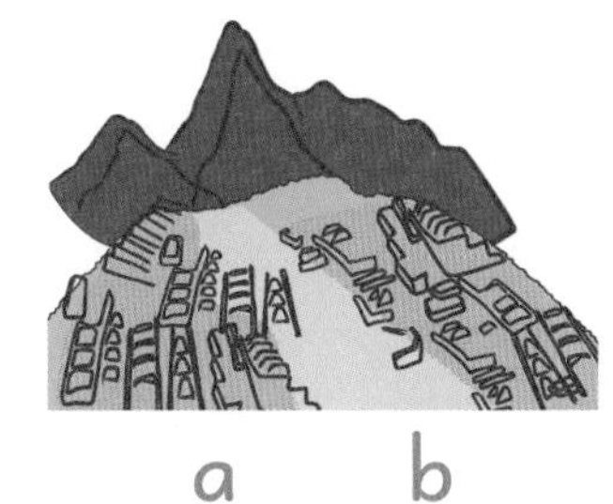

a　b

(2)

a　b

(3)

a　b

2 音声を聞き，例にならって，3人が行きたい場所を日本語で書きましょう。また，その場所でしたいことを表す絵を，下のア～エから選んで，記号を書きましょう。

〔1問 完答8点〕

名前	行きたい場所(日本語)	したいこと
(例) Aya	京都	ア
(1) Shota		
(2) Saki		
(3) Kento		

ア

イ

ウ

エ

3 絵に合う会話になるように，[　]の中の語句の順番を正しくならべかえてあかいを□に書きましょう。

〔1問 完答8点〕 ／16点

(1)

Where do you want to go?
— I (①) (②) Italy.

[あ go to　　い want to]

① □　② □

(2)

Where (①) (②) go?
— I want to go to Australia.

[あ want to　　い do you]

① □　② □

Let's challenge!

4 次の絵はインドとイタリアのガイドブックです。行きたい場所をどちらか１つ選び，行きたい場所としたいことを文に書きましょう。

〔1問 12点〕 ／36点

India
see
the Taj Mahal
eat
curry

Italy
see
the Colosseum
eat
pizza

(1) I want to go to ＿＿＿＿＿＿＿＿.

(2) I want to see ＿＿＿＿＿＿＿＿.

(3) I want to eat ＿＿＿＿＿＿＿＿.

25 基本テスト①

完成目標時間 25分

Where is the park?

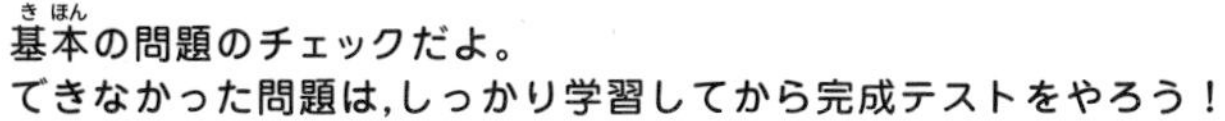
基本の問題のチェックだよ。
できなかった問題は,しっかり学習してから完成テストをやろう!

合計得点 /100点

49

〈位置と場所を表す語句が聞いてわかる〉 

1 音声を聞いて,かばんの位置を表す絵の記号を○でかこみましょう。〔1問 7点〕

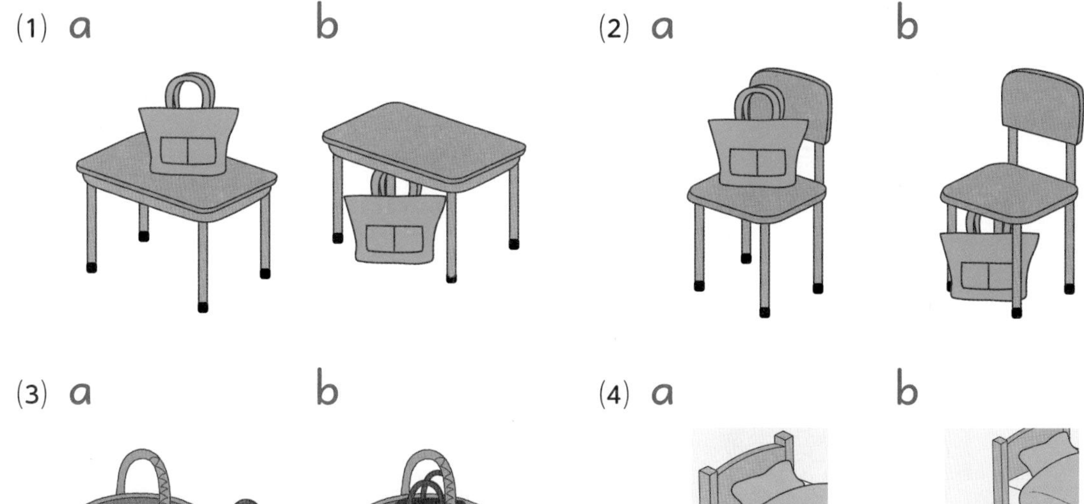

(3) a b (4) a b

〈位置と場所を表す語句が聞いてわかる〉

2 音声を聞いて,絵の内容と合っていれば○,合わなければ×を書きましょう。〔1問 8点〕

/24点

(1)

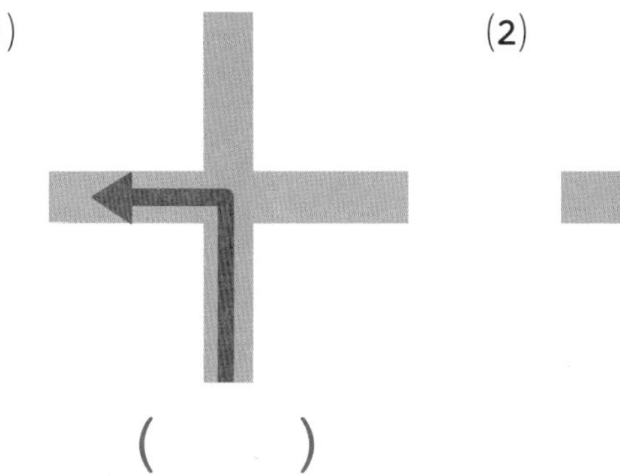

(　　)

(2)

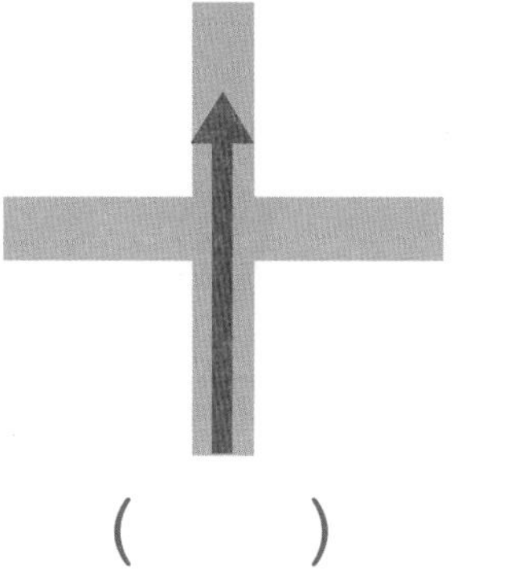

(　　)

(3)

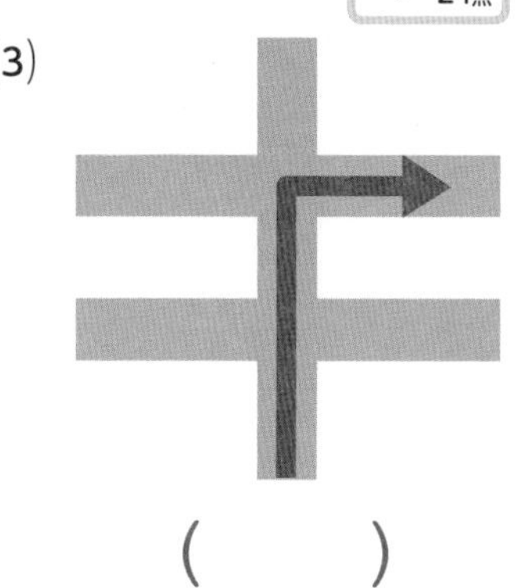

(　　)

〈施設を表す語句が読んでわかる〉

3 絵に合う語句を選んで，正しく線で結びましょう。

〔1問 8点〕 ／32点

(1) ○○郵便局 ● ● library

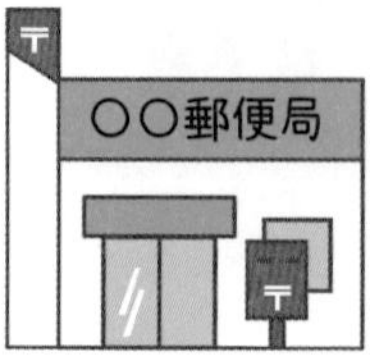

(2) ● ● stadium

(3) ○○病院 ● ● hospital

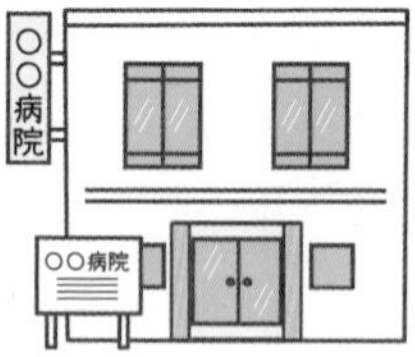

(4) ○○図書館 ● ● post office

〈位置と場所を表す語句を書きうつすことができる〉

4 絵が表す語句を下の［　］から選んで書きましょう。

〔1問 8点〕 ／16点

(1) ＿＿＿＿＿ the chair

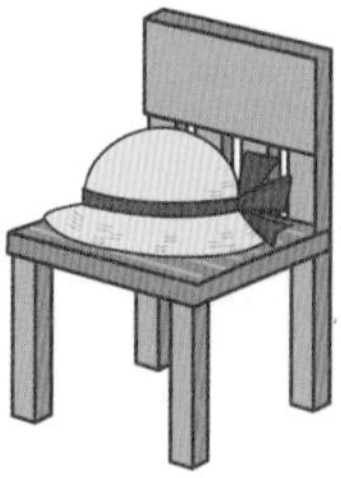

(2) ＿＿＿＿＿

under	school
park	on

完成目標時間 25分

Where is the park?

基本の問題のチェックだよ。
できなかった問題は，しっかり学習してから完成テストをやろう！

合計得点 /100点

51

〈さがしものをたずねる会話が聞いてわかる〉

1 音声を聞いて，その内容に合う絵の記号を○でかこみましょう。

〔1問 7点〕

/28点

(1) a b

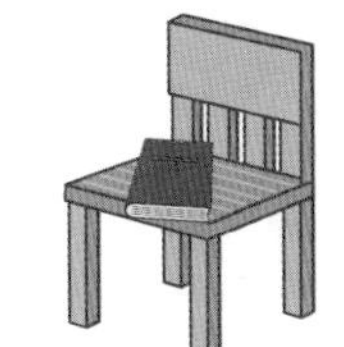

(2) a b

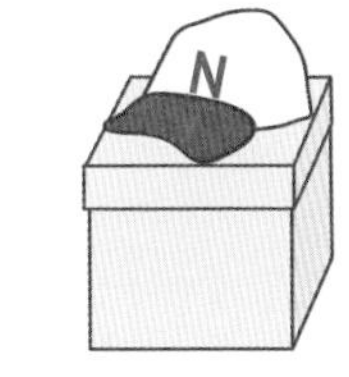

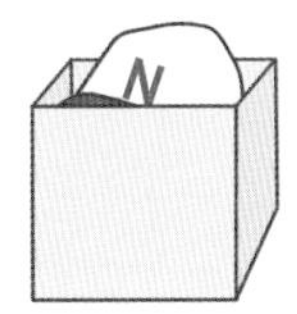

(3) a b

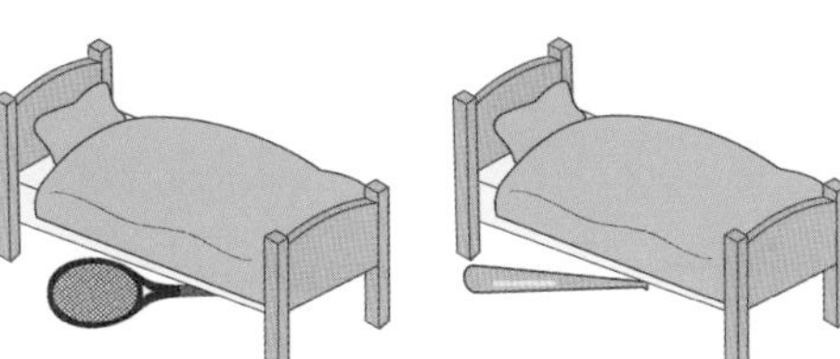

(4) a b

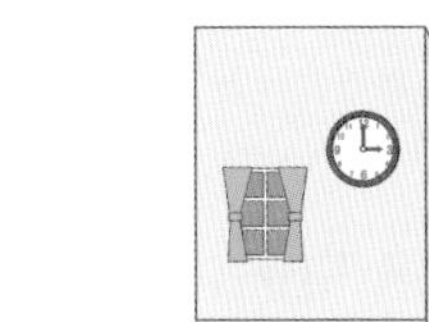

〈道案内の会話が聞いてわかる〉

2 音声を聞いて，絵の内容と合っていれば○，合わなければ×を書きましょう。

〔1問 8点〕

/24点

(1)

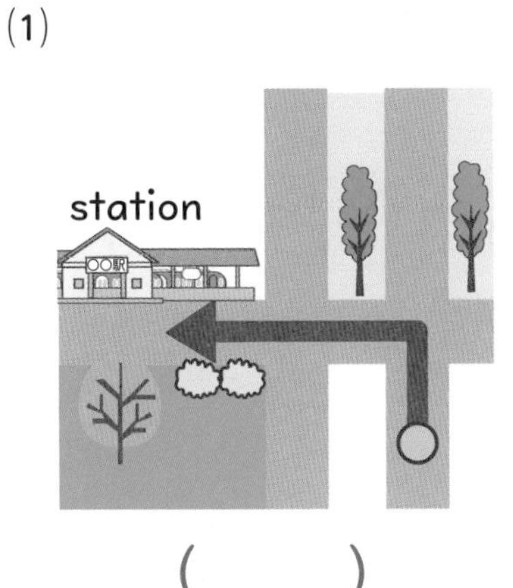

(　　)

(2)

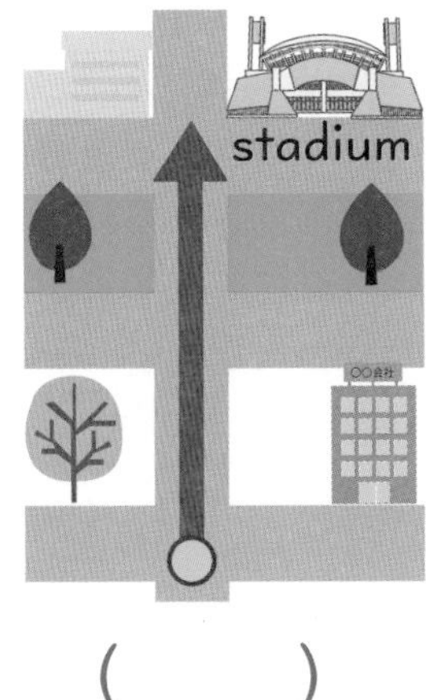

(　　)

(3)

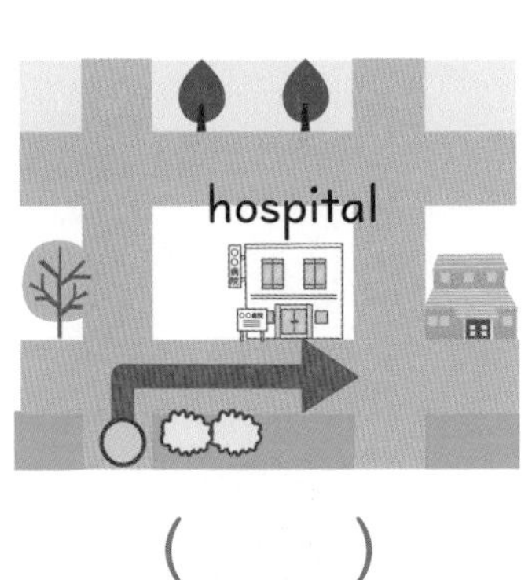

(　　)

〈道案内の会話を読んで理解できる〉

3 会話を読んで，絵の内容と合っていれば○，合わなければ×を書きましょう。2人は図の中の★のところにいます。

/32点

〔1問 8点〕

(1) Where is the post office? — Go straight. (　　)

(2) Where is the park? — Turn left at the second corner. (　　)

(3) Where is the library? — Turn right. It's on your left. (　　)

(4) Where is the bookstore?
— Go straight for two blocks. You can see it on your right. (　　)

〈位置と場所を表す会話の一部を書きうつすことができる〉

4 絵に合う会話になるように，＿＿に入る正しい語を(　　)から選んで書きましょう。

〔1問 8点〕

(1)

＿＿＿＿＿ is the bag?

(Where / What)

— It's on the bed.

(2)

Where is the convenience store?

— Go straight. ＿＿＿＿＿ right.

(Go / Turn)

27 完成テスト 完成目標時間 25分

Where is the park?

53

1 質問を聞いて，絵の内容に合うように答えるとき，正しい英語の記号を○でかこみましょう。

〔1問 8点〕 /24点

(1)

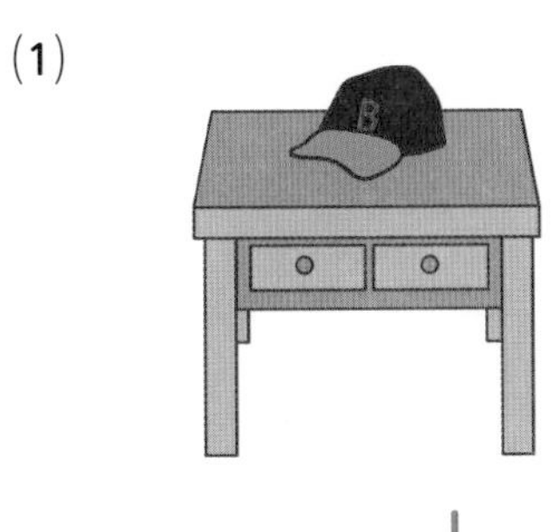

a　b

(2)

a　b

(3)

a　b

2 おまわりさんの「道案内」を聞いて，3人が行きたい場所を選び，記号を書きましょう。3人は図の中の★のところにいます。

〔1問 10点〕 /30点

(1)

Aya

(　　)

(2)

Shota

(　　)

(3)

Saki

(　　)

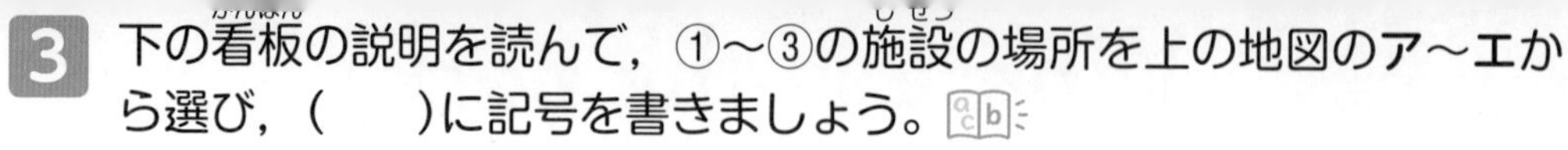

3 下の看板の説明を読んで，①～③の施設の場所を上の地図のア～エから選び，(　　)に記号を書きましょう。

〔1問 10点〕　　/30点

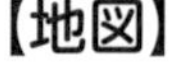

【地図】

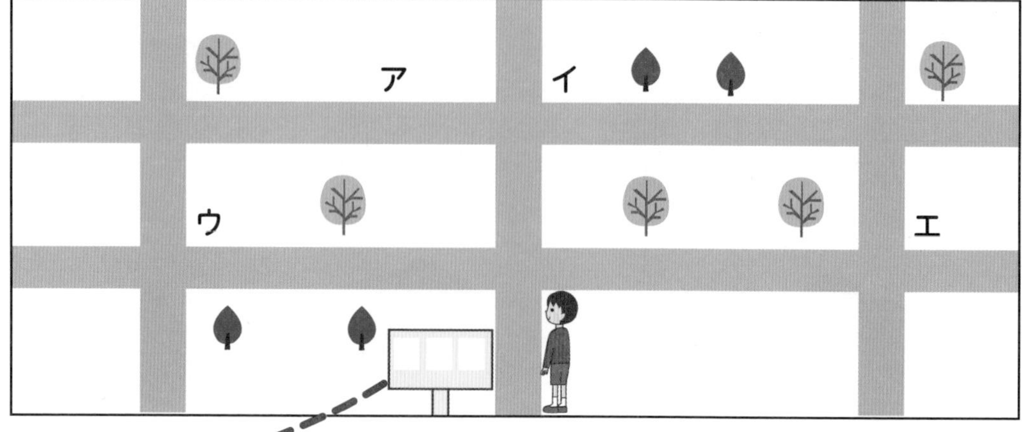

【看板】

stadium	park	library

Go straight for two blocks.	Turn right. Go straight.	Turn left at the second corner.
①(　　)	②(　　)	③(　　)

4 　から自分のかばんをよく置く場所を選んで　に書きましょう。

〔16点〕　　/16点

The bag is ________________.

on the wall　　in the basket
under the desk　　by the bed

完成目標時間 25分

What would you like?

基本の問題のチェックだよ。
できなかった問題は，しっかり学習してから完成テストをやろう！

合計得点 /100点

55

〈料理を表す語句が聞いてわかる〉

1 音声を聞いて，その内容に合う絵の記号を○でかこみましょう。〔1問 7点〕

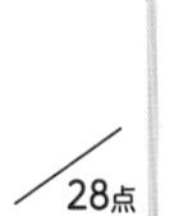
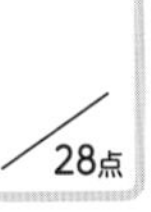

/28点

(1) a　b

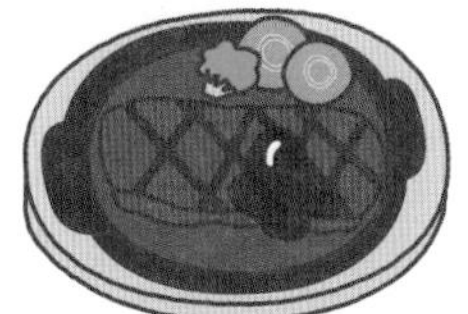

(2) a　b

(3) a　b

(4) a　b

〈値段を表す語句が聞いてわかる〉

2 音声を聞いて，絵の内容と合っていれば○，合わなければ×を書きましょう。〔1問 8点〕

/24点

(1)

(　　)

(2)

(　　)

(3)

(　　)

〈料理を表す語句(ごく)が読んでわかる〉

3 絵に合う語句を選んで正しく線で結びましょう。

〔1問 8点〕

/32点

(1) ● ● grilled fish

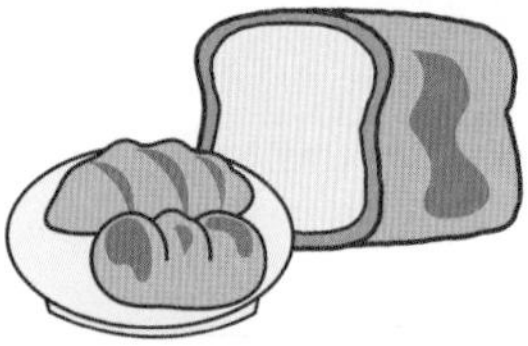

(2) ● ● French fries

(3) ● ● ice cream

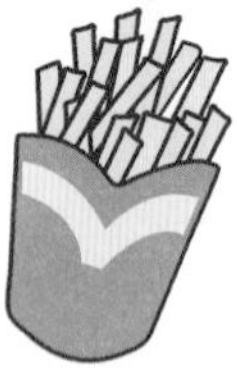

(4) ● ● bread

〈料理を表す語句を書きうつすことができる〉

4 絵が表す語句を下の[ ]から選んで書きましょう。

〔1問 8点〕

/16点

(1)

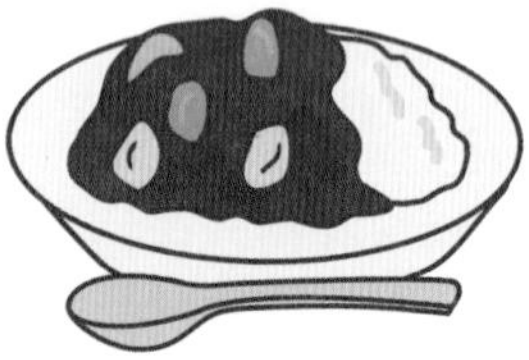

(2)

curry and rice　soda pop　rice ball
green tea　pizza　fried chicken

29 基本テスト②

完成目標時間 25分

What would you like?

基本の問題のチェックだよ。
できなかった問題は，しっかり学習してから完成テストをやろう！

合計得点　／100点

57

〈料理に関する会話が聞いてわかる〉

1 音声を聞いて，その内容に合う絵の記号を○でかこみましょう。

〔1問 7点〕

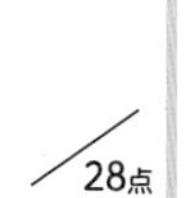
／28点

(1) a  b

(2) a b 

(3) a  b

(4) a  b

〈値段に関する会話が聞いてわかる〉 

2 音声を聞いて，その内容に合うものを正しく線で結びましょう。

〔1問 8点〕

／24点

(1)  ● ●   

(2)  ● ● 

(3) 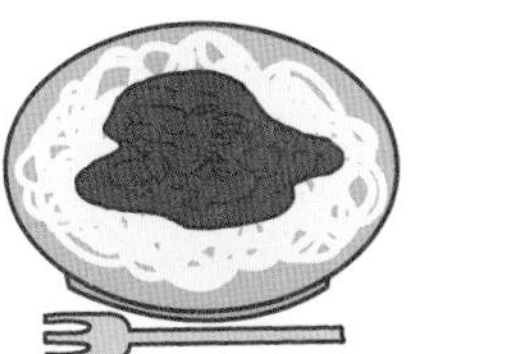 ● ●  

〈料理・値段に関する会話を読んで理解できる〉

3 会話が表す絵を選んで正しく線で結びましょう。

〔1問 8点〕

(1) What would you like?
— I'd like spaghetti.

(2) What would you like?
— I'd like grilled fish.

(3) How much is the *ramen*?
— It's 700 yen.

(4) How much is the cake and coffee?
— It's 380 yen.

〈料理・値段に関する会話の一部を書きうつすことができる〉

4 絵に合う会話になるように，＿＿に入る正しい語句を(　　)から選んで書きましょう。

〔1問 8点〕

(1)

＿＿＿＿＿＿ would you like?

(What / How)

— I'd like grilled fish.

(2)

＿＿＿＿＿＿ much is the green tea?

(What / How)

— It's 430 yen.

30 完成テスト 完成目標時間 25分

What would you like?

59

1 質問を聞いて，絵の内容に合うように答えるとき，正しい英語の記号を○でかこみましょう。

〔1問 8点〕

(1) a b

(2) a b

(3) a b

2 3人の注文を聞いて，正しく線で結びましょう。2つ結ぶものもあります。

〔1問 完答8点〕

(1)

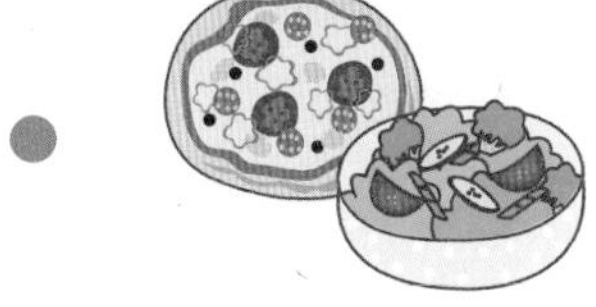

(2)

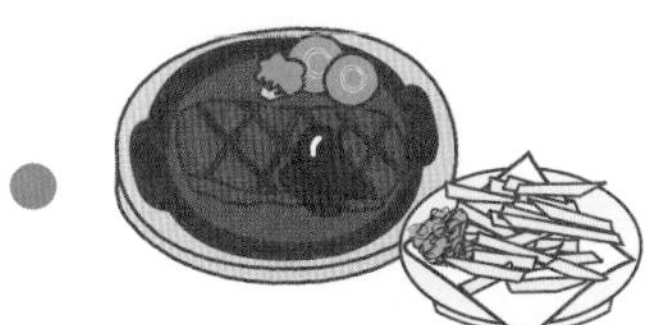

(3)

3 絵に合う会話になるように，（　　　）にあてはまる正しい英文を［　］から選んで，ⓐかⓘを□に書きましょう。

〔1問 10点〕　／20点

(1)

What would you like?

— (　　　　　　　　　　)

ⓐ I'd like *tonkatsu.*
ⓘ I don't like *tonkatsu.*

(2)

(　　　　　　　　　　)

— It's 850 yen.

ⓐ How many pizza?
ⓘ How much is the pizza?

4 音声を聞いて絵に合う会話になるように，＿＿に入る正しい語句を（　）から選んで書きましょう。

〔1問 8点〕　／16点

(1)

＿＿＿＿＿ much is the omelet?

(How / What)

— It's 800 yen.

(2)

What would you like?

— I'd ＿＿＿＿＿ a hamburger.

(want / like)

Let's challenge!

5 ［　］から自分が注文したいデザートを選んで，＿＿に書きましょう。

〔16点〕　／16点

I'd like ＿＿＿＿＿＿＿＿＿＿

fruit　ice cream　a parfait
pudding　cake

31 基本テスト①
完成目標時間 25分

Who is your hero?

基本の問題のチェックだよ。
できなかった問題は，しっかり学習してから完成テストをやろう！

合計得点

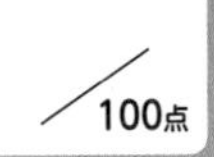

/100点

61

〈得意なこと，できることを表す語句が聞いてわかる〉

1 音声を聞いて，その内容に合う絵の記号を○でかこみましょう。

〔1問 7点〕

/28点

(1) a　b

(2) a　b

(3) a　b

(4) a　b

〈人の性格や様子を表す語句が聞いてわかる〉

2 音声を聞いて，絵の内容に合っていれば○，合わなければ×を書きましょう。

〔1問 8点〕

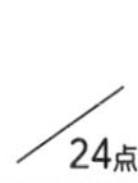

/24点

(1)

(　　)

(2)

(　　)

(3)

(　　)

〈得意なこと，できることを表す語句が読んでわかる〉

3 絵に合う語句を選んで正しく線で結びましょう。

〔1問 8点〕

/32点

(1) ● ● play the flute

(2) ● ● skate well

(3) ● ● jump high

(4) ● ● do *judo*

〈人の性格や様子を表す語句を書きうつすことができる〉

4 絵が表す語句を下の[ ]から選んで書きましょう。

〔1問 8点〕

/16点

(1)

(2)

fun brave kind beautiful

32 基本テスト② 完成目標時間 25分 Who is your hero?

きほん
基本の問題のチェックだよ。
できなかった問題は，しっかり学習してから完成テストをやろう！

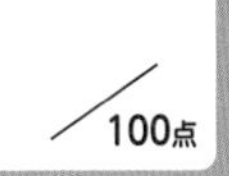

合計得点 /100点

〈人を紹介するときの会話が聞いてわかる〉

1 音声を聞いて，その内容に合う絵の記号を○でかこみましょう。
〔1問 7点〕

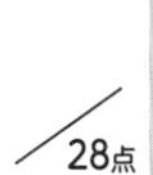

/28点

(1) a  b

(2) a  b 

(3) a 

b

(4) a  b 

〈人を紹介するときの文が聞いてわかる〉

2 音声を聞いて，その内容に合うものを正しく線で結びましょう。
〔1問 8点〕

/24点

(1)      

Aya

(2)   

Shota

(3)   

Saki

〈人を紹介(しょうかい)するときの会話を読んで理解(りかい)できる〉

3 会話が表す絵を選んで正しく線で結びましょう。

〔1問 8点〕 /32点

(1) Who is this?
— This is my sister, Emi.
She can dance well.

(2) Who is this?
— This is Mr. Ito.
He is good at *judo*.

(3) Who is your hero?
— My hero is Takuya.
He can run fast.

(4) Who is this?
— This is my grandmother.
She is good at cooking.

〈人を紹介するときの会話の一部を書きうつすことができる〉

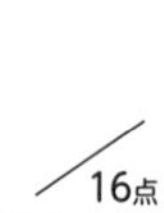

4 絵に合う会話になるように、＿＿に入る正しい語句(ごく)を(　)から選んで書きましょう。

〔1問 8点〕 /16点

(1)

＿＿＿＿＿ is your hero?

(What / Who)

— My hero is Ayaka. She can skate well.

(2)

Who is your hero?
— My hero is my brother.

＿＿＿＿＿ is cool.

(He / She)

33 完成テスト Who is your hero?

完成目標時間 25分

65

1 質問を聞いて，絵の内容に合うように答えるとき，正しい英語の記号を○でかこみましょう。

〔1問 8点〕

(1)

a　b

(2)

a　b

(3)

a　b

2 3人の「あこがれの人」を聞いて，正しく線で結びましょう。

〔1問 完答8点〕

(1)

(2)

Shota

(3)

Masato

3 絵に合う会話になるように，[ ]の中の語句の順番を正しくならべかえてⓐかⓘを[ ]に書きましょう。

〔1問 完答10点〕 /20点

(1)

Who is your hero?
—(①) (②) Kenta. He is brave.

ⓐ My hero ⓘ is

① [ ] ② [ ]

(2)

(①)is(②)?
— My hero is my sister. She is kind.

ⓐ your hero ⓘ Who

① [ ] ② [ ]

4 絵に合う会話になるように，[ ]に入る正しい語句(ごく)を(　　)から選んで書きましょう。

〔1問 8点〕 /16点

(1)

__________ is your hero?

(Who / What)

— My hero is Haruto. He can cook well.

(2)

Who is your hero?
— My hero is my mother.

__________ is good at drawing.

(He / She)

Let's challenge!

5 自分のあこがれの人の性格(せいかく)について紹介(しょうかい)する文を[ ]の語句を使って，[ ]に書きましょう。

〔16点〕 /16点

This is my hero.

He / She is __________.

★あなたのヒーローの似顔絵(にがおえ)をかきましょう。

cool kind great
brave beautiful

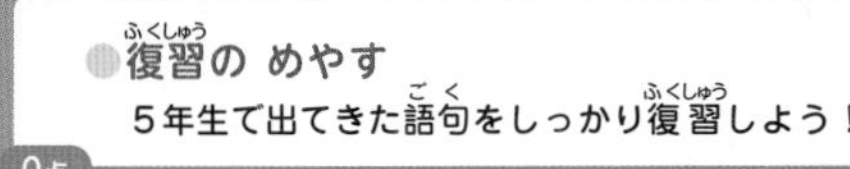

34 語句チェック(1)

完成目標時間 20分

●復習(ふくしゅう)の めやす
5年生で出てきた語句(ごく)をしっかり復習(ふくしゅう)しよう！
0点 80点 合格(ごうかく) 100点

合計得点(とくてん) ／100点

67

〈さまざまな語句(ごく)が聞いてわかる〉

1 音声を聞いて，聞こえた語句を○でかこみましょう。

〔1問 5点〕

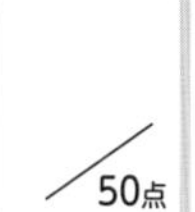
／50点

(1)		pink	yellow	red
(2)		blue	red	green
(3)	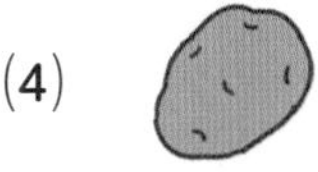	banana	apple	strawberry
(4)		potato	green pepper	onion
(5)	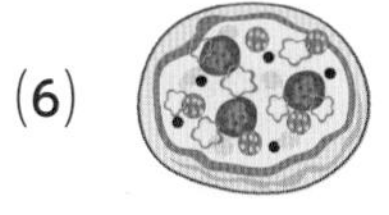	tomato	strawberry	carrot
(6)		pizza	salad	curry and rice
(7)		ice cream	parfait	chocolate
(8)	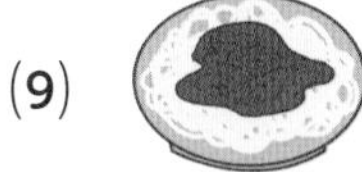	cake	pudding	jam
(9)		rice	omelet	spaghetti
(10)	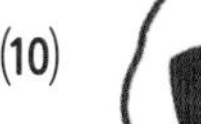	hamburger	rice ball	soup

2 音声を聞いて，聞こえた語句を○でかこみましょう。

〔1問 5点〕

/50点

(1)	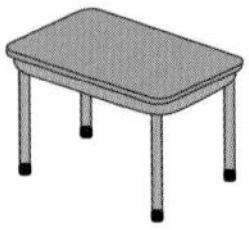 desk	chair	cap
(2)	 hat	bag	cup
(3)	 racket	desk	book
(4)	 badminton	basketball	dodgeball
(5)	 table tennis	baseball	tennis
(6)	 soccer	softball	volleyball
(7)	 on	in	under
(8)	 English	music	Japanese
(9)	 math	social studies	P.E.
(10) 	science	home economics	arts and crafts

色や食べ物，教科などを
表す語句だよ。
わかったかな。

35 語句チェック(2)

完成 目標時間 20分

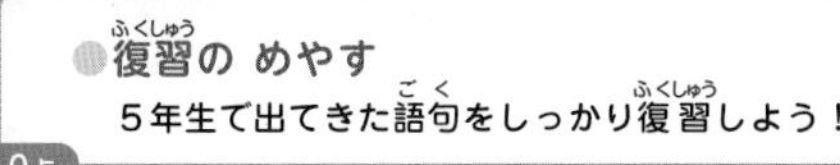

●復習の めやす
5年生で出てきた語句をしっかり復習しよう！

0点 80点 100点

〈さまざまな語句が聞いてわかる〉

1 音声を聞いて，聞こえた語句を○でかこみましょう。

〔1問 5点〕

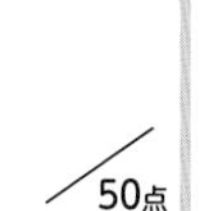

(1)		busy	hungry	kind
(2)		beautiful	friendly	fun
(3)		ball	reading	hiking
(4)		juice	green tea	soda pop
(5)		guitar	piano	drum
(6)		America	Australia	Canada
(7)		Italy	Japan	France
(8)		Egypt	Brazil	China
(9)		sport	fruit	color
(10)		food	animal	name

2 音声を聞いて，聞こえた語句を○でかこみましょう。

〔1問 5点〕

/50点

(1)	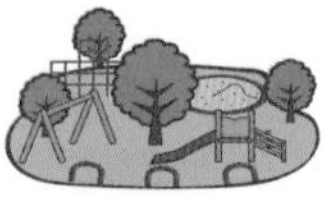	park	station	museum
(2)	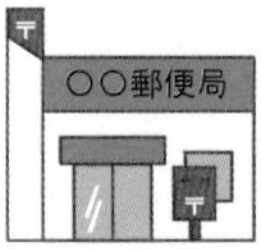○○郵便局	department store	flower shop	post office
(3)	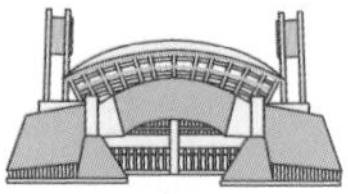	hospital	stadium	library
(4)	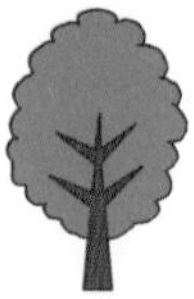	tree	flower	river
(5)	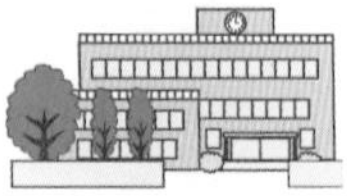	restaurant	zoo	school
(6)	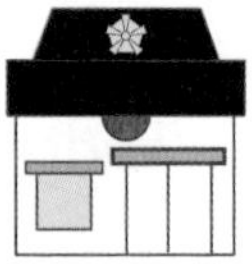	police station	supermarket	bookstore
(7)	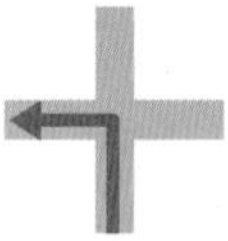	right	straight	left
(8)	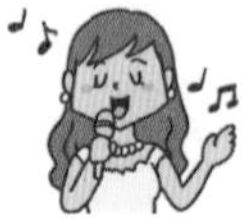	singer	cook	artist
(9)	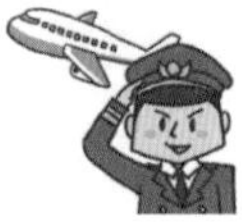	farmer	bus driver	pilot
(10)	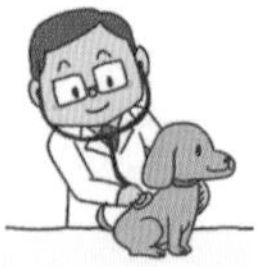	teacher	baker	vet

国や職業（しょくぎょう）などを
表す語句は
覚えられているかな。

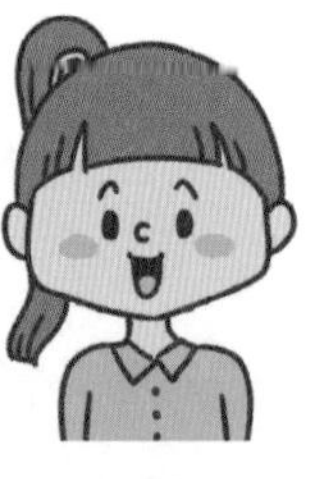

36 語句チェック(3)

完成 目標時間 20分

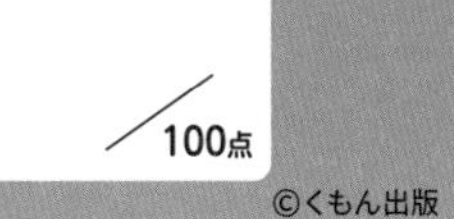

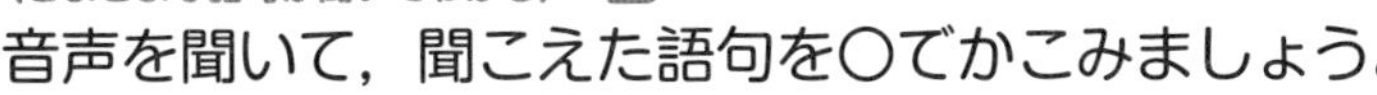

1 音声を聞いて，聞こえた語句を○でかこみましょう。

〔1問 5点〕

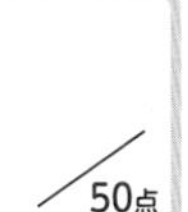

(1)		six	three	five
(2)		eight	four	seven
(3)		summer	fall	spring
(4)	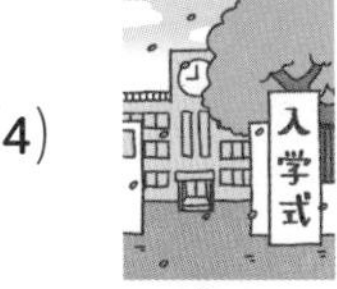	winter	spring	summer
(5)		May	April	March
(6)		September	October	November
(7)		December	January	February
(8)	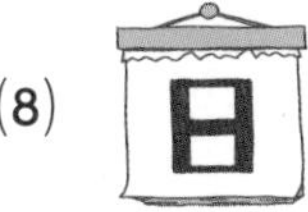	Saturday	Sunday	Tuesday
(9)		Monday	Wednesday	Friday
(10)		birthday	New Year's Day	Christmas

2 音声を聞いて，聞こえた語句を○でかこみましょう。

〔1問 5点〕

/50点

(1)	bear	dog	horse
(2)	rabbit	cat	fish
(3)	sing	run	wash
(4)	speak	eat	go
(5)	swim	ski	skate
(6)	drink	look	walk
(7)	dance	study	see
(8)	buy	read	ride
(9)	skate	swim	jump
(10)	meet	wash	clean

季節や月，曜日，
動作などを表す語句を
確認しよう。

完成 目標時間 20分

仕上げテスト(1)

●復習の めやす
基本テストなどでしっかり復習しよう！
0点 80点 合格 100点

合計得点 /100点

73

〈自己紹介で使う語句が聞いてわかる〉

1 音声を聞いて，その内容に合う絵を１つずつ[ ]から選んで記号を書きましょう。

〔1問 7点〕 /28点

(1) (　　　) (2) (　　　) (3) (　　　) (4) (　　　)

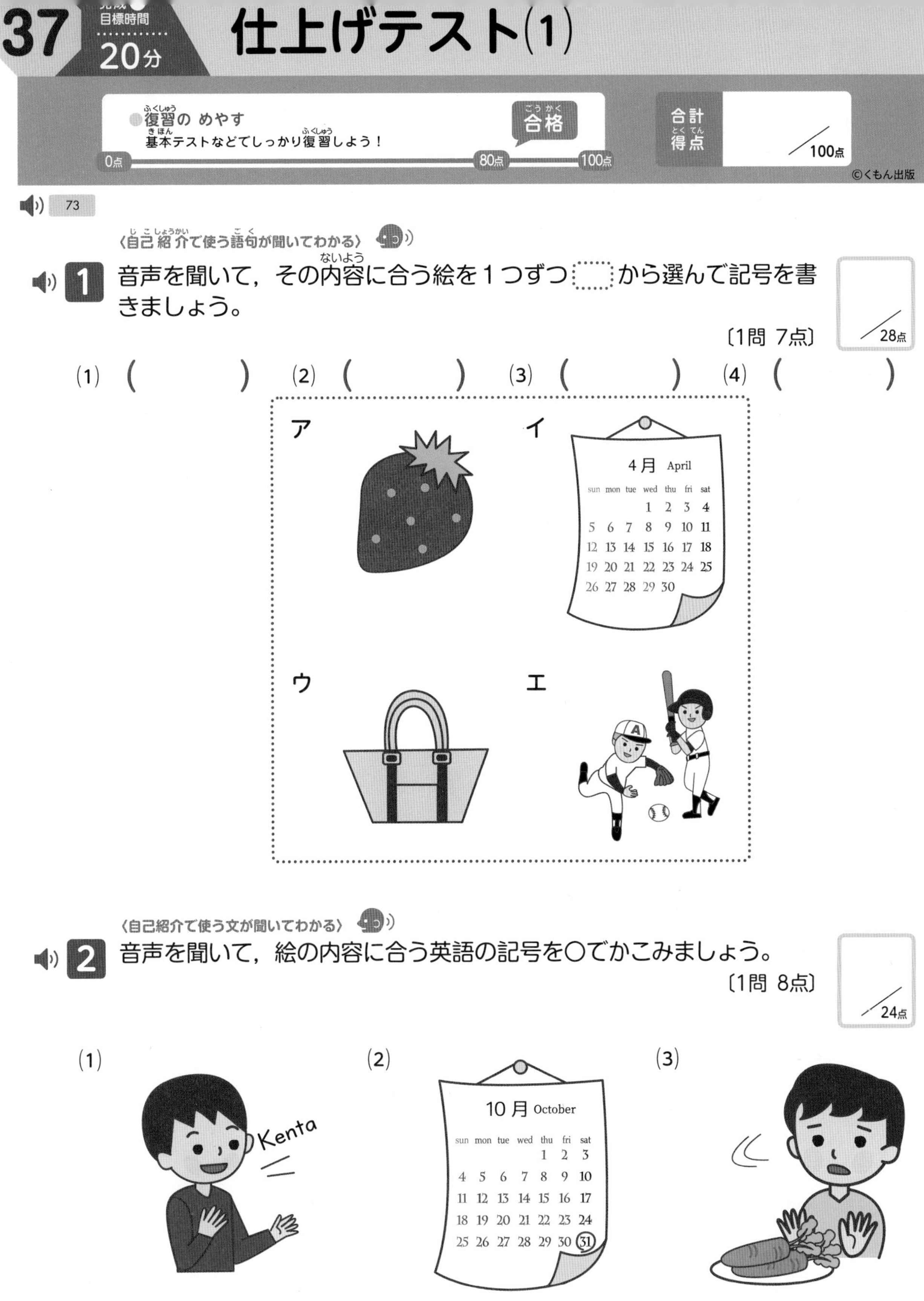

〈自己紹介で使う文が聞いてわかる〉

2 音声を聞いて，絵の内容に合う英語の記号を○でかこみましょう。

〔1問 8点〕 /24点

(1) a b

(2) a b

(3) a b

〈行事・月，日を表す語句が読んでわかる〉

3 絵に合う語句を選んで正しく線で結びましょう。

〔1問 8点〕

/32点

(1) ● ● March 3rd

(2) ● ● Star Festival

(3) ● ● New Year's Day

(4) ● ● December 25th

〈自己紹介で使う文の一部を書きうつすことができる〉

4 絵に合うように，次の英文の＿＿に入る語句を（　　）から選んで書きましょう。

〔1問 8点〕

/16点

(1) Hi. ＿＿＿＿＿＿ name is Rikuto.

(I / My)

(2) Hi. I'm Sara.

I like ＿＿＿＿＿＿ .

(tennis / soccer)

38 仕上げテスト(2)

目標時間 20分

●復習(ふくしゅう)の めやす
基本(きほん)テストなどでしっかり復習(ふくしゅう)しよう！

0点 80点 合格(ごうかく) 100点

合計 得点(とくてん) ／100点

75

〈教科・職業(しょくぎょう)を表す語句(ごく)が聞いてわかる〉

1 音声を聞いて，その内容に合う絵の記号を○でかこみましょう。

〔1問 7点〕 ／28点

(1) a b

理科

国語 空 山 川 海

(2) a b

図工

(3) a b

(4) a b

〈一日の生活を表す語句が聞いてわかる〉

2 音声を聞いて，絵の内容と合っていれば○，合わなければ×を書きましょう。

〔1問 8点〕 ／24点

(1) (2) (3)

(　　) (　　) (　　)

〈家や学校での生活を表す文が読んでわかる〉

3 英文が表す絵を選んで正しく線で結びましょう。

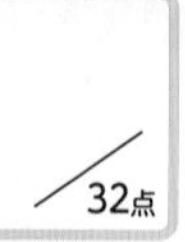

〔1問 8点〕

(1) I walk my dog on Sundays. ● ●

(2) I eat lunch at 12:30. ● ●

(3) I have social studies on Tuesdays. ● ●

(4) I go to bed at 9:30. ● ●

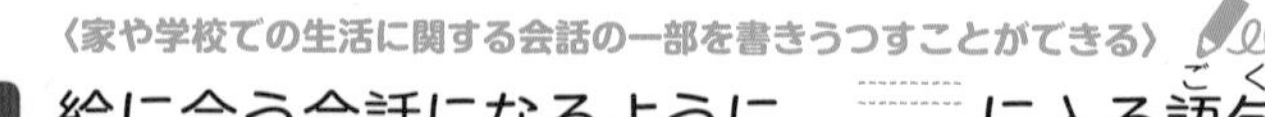
〈家や学校での生活に関する会話の一部を書きうつすことができる〉

4 絵に合う会話になるように，＿＿に入る語句を（　　）から選んで書きましょう。

〔1問 8点〕

(1)

What time do you go to school?

— I ＿＿＿＿＿＿＿＿ to school at 8:00.

(go / do)

(2)

What do you have on ＿＿＿＿＿＿＿＿ ?

(Wednesdays / Fridays)

— I have English.

39 仕上げテスト(3)

完成目標時間 20分

●復習の めやす
基本テストなどでしっかり復習しよう！
0点 80点 合格 100点

合計得点 /100点

77

〈動作を表す語句が聞いてわかる〉

1 音声を聞いて，その動作に合う絵を１つずつ[　]から選んで記号を書きましょう。

〔1問 7点〕 /28点

(1) (　　　) (2) (　　　) (3) (　　　) (4) (　　　)

〈国を表す語句が聞いてわかる〉

2 音声を聞いて，絵の内容と合っていれば○，合わなければ×を書きましょう。

〔1問 8点〕 /24点

(1) (　　) (2) (　　) (3) (　　)

3 絵の内容に合う英文の記号を○でかこみましょう。

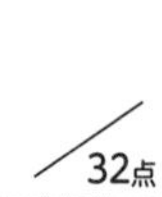

〔1問 8点〕

(1)

a I can play the piano.

b I can play soccer.

(2)

a I can jump high.

b I can't jump.

(3)

a I want to go to America.

b I want to go to France.

(4)

a I want to visit Niagara Falls.

b I want to see the pyramids.

4 絵に合う会話になるように，＿＿に入る語句を（　）から選んで書きましょう。

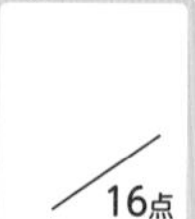

〔1問 8点〕

(1)

＿＿＿＿＿＿ you do *judo*?

(Can / Are)

— Yes, I can.

(2)

Where do you ＿＿＿＿＿＿ to go?

(wash / want)

— I want to go to China.

40 完成 目標時間 20分 仕上げテスト(4)

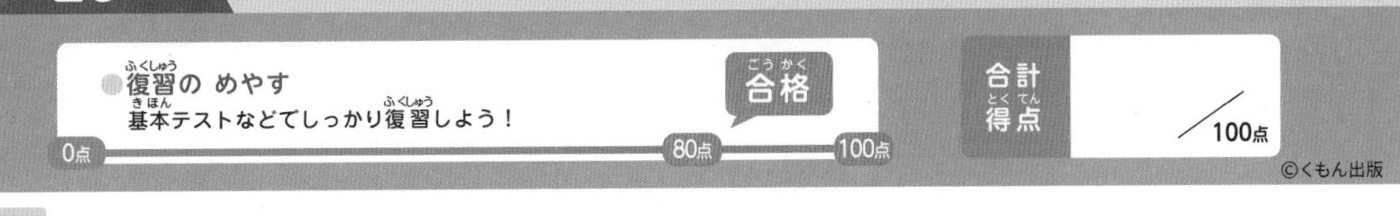

79

〈料理・値段を表す語句が聞いてわかる〉

1 音声を聞いて，その内容に合う絵の記号を○でかこみましょう。

〔1問 8点〕

(1) a b

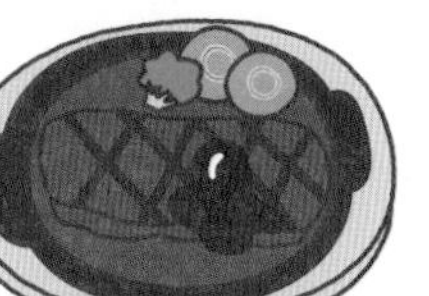

(2) a b

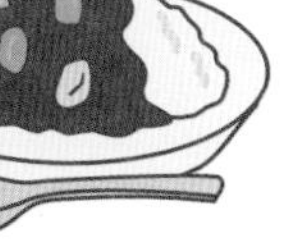

(3) a b

(4) a b

〈人の性格や様子を表す語句が聞いてわかる〉

2 音声を聞いて，絵の内容に合う英語の記号を○でかこみましょう。

〔1問 8点〕

(1)

a b

(2)

a b

(3)

a b

〈道案内を表す会話が読んでわかる〉

3 会話を読んで，絵の内容と合っていれば○，合わなければ×を書きましょう。2人は図の中の★のところにいます。

〔1問 12点〕 ／24点

(1) Where is the bookstore?
— Turn right at the first corner. (　　　)

(2) Where is the hospital?
— Go straight for two blocks. It's on your left. (　　　)

〈人を紹介する会話の一部を書きうつすことができる〉

4 絵に合う会話になるように，＿＿に入る語句を(　　)から選んで書きましょう。

〔1問 10点〕 ／20点

(1)

＿＿＿＿＿＿ is your hero?

(Who / What)

— My hero is Sota. He can play *kendama* well.

(2)

Who is your hero?
— My hero is my grandmother.

＿＿＿＿＿＿ is gentle.

(He / She)

解答（かいとう）

1 P.1-2 アルファベット(1)

1 (1) I (2) J (3) P (4) Z

読まれた英語
(1) I (2) J (3) P (4) Z

2 (1) E F G
(2) S T U V

3 (1) W (2) O (3) R
(4) B (5) X (6) Q

読まれた英語
(1) W (2) O (3) R (4) B (5) X (6) Q

4 (1) p (2) o (3) g (4) n

読まれた英語
(1) p (2) o (3) g (4) n

5 (1) v w x
(2) h i j k

6 (1) y (2) r (3) l
(4) s (5) u (6) z

読まれた英語
(1) y (2) r (3) l (4) s (5) u (6) z

2 P.3-4 アルファベット(2)

1 (1) D-d (2) Q-q (3) S-s (4) G-g

2
A H M U Y
m y u a h

3 (1) H-V (2) o-q-p

読まれた英語
(1) H-V (2) o-q-p

ポイント (2)小文字の p と q は形がよく似（に）ているので注意しましょう。

4 (1) f (2) L (3) K
(4) q (5) A (6) h
(7) b (8) N

5 (1) C c (2) E e
(3) A a (4) T t
(5) M m (6) Y y

読まれた英語
(1) C, c (2) E, e (3) A, a
(4) T, t (5) M, m (6) Y, y

3 P.5-6 ローマ字(1)

1 (1) u (2) a (3) i (4) o

音声内容（ないよう）
(1) う (2) あ (3) い (4) お

2
(1) chi ・ ・ふ
(2) fu ・ ・つ
(3) shi ・ ・ち
(4) tsu ・ ・し

3 (1) きもの (2) すし

4 (1) e (2) o (3) i (4) a

音声内容
(1) え (2) お (3) い (4) あ

5
(1) アニメ ・ ・okonomiyaki
(2) お好み焼き（おこのみやき） ・ ・shinkansen
(3) 桜（さくら） ・ ・onsen
(4) 新幹線（しんかんせん） ・ ・anime
(5) 温泉（おんせん） ・ ・sakura

6 (1) karuta (2) sumo

ポイント (2)「すもう」のようにのばす音は，ローマ字では sumou ではなく，sumo と書きます。sumō や sumô のようにのばす記号を書くこともあります。

4 P.7-8 ローマ字(2)

1 (1) おりがみ (2) はまちょう
(3) かぶき (4) さっぽろ

ポイント (2)町の名前は，町名と「町」の間にハイフン（-）を入れることがあります。(4)の「さっぽろ」の「っ」のようにつまる音は，

Sapporoと，「ぽ」(po) のpの文字を重ねて書きます。

2 (1) to f u (2) ori z uru

(3) ha p pi (4) nin j a

(5) sh o gi (6) te m pura

ポイント (2)はひらがなで書くと「おりづる」です。だ行のローマ字は「だ」はda,「で」はde,「ど」はdoですが,「ぢ」はji,「づ」はzuと書くので気をつけましょう。(6)tempura（てんぷら）のように「ん」の音の次の文字がb・p・mになるときは，nではなくmを使うことがあります。

3 (1) Narita (2) Biwa

4 (1) Hokkaido (2) Honshu

(3) Shikoku (4) Kyushu

(5) Okinawa

5 (住んでいる都道府県のひらがなをさがして，答え合わせをしましょう。)

ほっかいどう－Hokkaido
あおもり－Aomori あきた－Akita
いわて－Iwate やまがた－Yamagata
みやぎ－Miyagi ふくしま－Fukushima
にいがた－Niigata ながの－Nagano
やまなし－Yamanashi
ぐんま－Gunma または Gumma
とちぎ－Tochigi いばらき－Ibaraki
さいたま－Saitama ちば－Chiba
とうきょう－Tokyo かながわ－Kanagawa
しずおか－Shizuoka あいち－Aichi
いしかわ－Ishikawa とやま－Toyama
ふくい－Fukui ぎふ－Gifu しが－Shiga
みえ－Mie ひょうご－Hyogo なら－Nara
きょうと－Kyoto おおさか－Osaka
わかやま－Wakayama
おかやま－Okayama
ひろしま－Hiroshima
とっとり－Tottori しまね－Shimane
やまぐち－Yamaguchi えひめ－Ehime
とくしま－Tokushima
かがわ－Kagawa こうち－Kochi
ふくおか－Fukuoka さが－Saga
おおいた－Oita ながさき－Nagasaki
くまもと－Kumamoto
みやざき－Miyazaki
かごしま－Kagoshima
おきなわ－Okinawa

ポイント 「ぐんま」の「ん」は後に「ま行」がくるので，nではなくmを使うこともあります。ほかにも，小学校の国語ではChibaはTiba，FukuiはHukui，ShigaはSigaなどのように書くこともあります。

5 P.9-10 3・4年の復習(ふくしゅう)(1)

1 (1) a (2) b (3) a (4) b

読まれた英語(訳)
(1) Hello.（こんにちは。）
(2) Hi, I'm Sachi.（こんにちは，わたしはサチです。）
(3) Hi, Ken. How are you?
（こんにちは，ケン。調子はどうですか。）
(4) Good afternoon, Yuki.（こんにちは，ユキ。）

ポイント (2)(3) Hi. は親しい人どうしで使う気軽なあいさつです。(4) Good afternoon. は午後のあいさつです。

2 (1) ウ (2) イ (3) ア

読まれた英語(訳)
(1) Good night.（おやすみなさい。）
(2) Thank you.（ありがとうございます。）
(3) Goodbye. See you.（さようなら。またね。）

ポイント (1) Good night. は，夜，別れるときや，ねるときに使うあいさつです。夜，人に会ったときには，「こんばんは。」の意味のGood evening. を使います。

3 (1) ○ (2) × (3) ×

読まれた英語(訳)
(1) soccer（サッカー） (2) basketball（バスケットボール）
(3) tennis（テニス）

4 (1) エ (2) オ (3) イ (4) カ

読まれた英語(訳)
(1) tomato（トマト） (2) strawberry（いちご）
(3) carrot（にんじん） (4) peach（もも）

6 P.11-12 3・4年の復習(ふくしゅう)(2)

1 (1) b (2) b (3) a (4) a

読まれた英語(訳)
(1) I like blue.（わたしは青色が好きです。）
(2) I don't like pizza.
（わたしはピザが好きではありません。）
(3) I like swimming and badminton.
（わたしは水泳とバドミントンが好きです。）
(4) I like dogs. But I don't like cats.
（わたしは犬が好きです。でも，ねこは好きではありません。）

ポイント 「わたしは～が好きです。」はI like ～. で，「わたしは～が好きではありません。」はI don't like ～. で伝えることができます。

2 (1) × (2) × (3) ○

読まれた英語(訳)

(1) It's ten thirty. (10時30分です。)
(2) It's Wednesday. (水曜日です。)
(3) I go home at three. (わたしは3時に家に帰ります。)

ポイント (1)のように今の時間を言うときや，(2)のように今日の曜日を言うときは，最初に It's をつけます。

3 (1) ウ (2) イ (3) ア

読まれた英語(訳)

(1) Turn right. This is a library.
(右に曲がってください。これが図書室です。)
(2) Go straight. This is a music room.
(まっすぐ行ってください。これが音楽室です。)
(3) Turn left. This is a lunch room.
(左に曲がってください。これがランチルームです。)

4 (1) a (2) b (3) b (4) a

読まれた英語(訳)

(1) What's this? — It's a cat.
(これは何ですか。—それはねこです。)
(2) How many? — Five balls.
(いくつですか。—ボール5つです。)
(3) Do you have a pencil? — No, I don't.
(あなたはえんぴつを持っていますか。
—いいえ，持っていません。)
(4) How's the weather? — It's sunny.
(天気はどうですか。— 晴れです。)

7 基本テスト① P.13-14 My name is Shota.

1 (1) b (2) a (3) a (4) b

読まれた英語(訳)

(1) blue (青色) (2) baseball (野球)
(3) strawberry (いちご) (4) food (食べ物)

2 (1) ○ (2) × (3) ×

読まれた英語(訳)

(1) curry and rice (カレーライス)
(2) dog (犬) (3) volleyball (バレーボール)

3

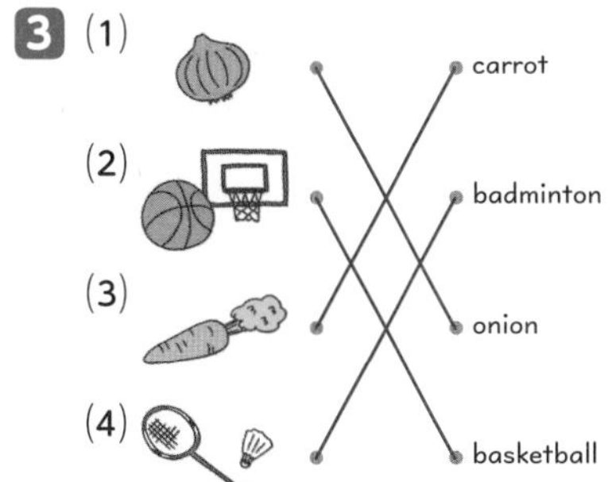

4 (1) name (2) color

読まれた英語(訳)

(1) name (名前) (2) color (色)

8 基本テスト② P.15-16 My name is Shota.

1 (1) a (2) b (3) a (4) b

読まれた英語(訳)

(1) Hi. My name is Shota.
(こんにちは。わたしの名前はショウタです。)
(2) Hi. I'm Takagi Mika. Nice to meet you.
(こんにちは。わたしはタカギミカです。はじめまして。)
(3) I like soccer. (わたしはサッカーが好きです。)
(4) I want a guitar. (わたしはギターがほしいです。)

ポイント My name is ~. も，I'm ~. も，自分の名前を相手に伝える言い方です。名前だけを言うときにも，名字と名前の両方を言うときにも使えます。名字と名前の両方を言うときは，日本語と同じ〈名字＋名前〉の順でも，〈名前＋名字〉の順でも言うことができます。

2 2, 3, 1

読まれた英語(訳)

(1) Hi. My name is Mika. Nice to meet you.
— Hi, Mika. My name is John.
(こんにちは。わたしの名前はミカです。はじめまして。
—こんにちは，ミカ。わたしの名前はジョンです。)
(2) Hi. My name is Takuya. Sato Takuya.
— Hi, Takuya. I'm Lisa Brown.
(こんにちは。わたしの名前はタクヤです。サトウタクヤです。
—こんにちは，タクヤ。わたしはリサ・ブラウンです。)
(3) Hi, Mika. How do you spell your name?
— M-I-K-A. Mika. (こんにちは，ミカ。あなたの名前はどのように書きますか。— M-I-K-A。ミカです。)

ポイント (1) Nice to meet you. は，初めて会ったときのあいさつです。「はじめまして。」という意味です。(3) How do you spell your name? と聞かれたときは，自分の名前のつづり (ローマ字) のアルファベットを1つずつ読んでいきます。

3

(1) I like soccer and baseball.
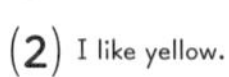
(2) I like yellow.
(3) I want chocolate.

ポイント (1)(2)の I like ~. は，「わたしは~が好きです。」の意味。(3) I want ~. は「わたしは~がほしいです。」の意味。自己紹介(じこしょうかい)で自分の好きなものやほしいものを伝えるときに使う言い方です。

4 (1) T (2) u (3) M

ポイント 大文字と小文字の大きさのちがいに注意しましょう。

9 完成テスト P.17-18 My name is Shota.

1 (1) a (2) b (3) a

読まれた英語(訳)

(1) a. I'm Ono Shota. (わたしはオノショウタです。)

b. My name is Kenta. Nice to meet you.
(わたしの名前はケンタです。はじめまして。)

(2) a. Hi. I'm Yuri. Y-U-R-I. I like flowers.
(こんにちは。わたしはユリです。Y-U-R-I。わたしは花が好きです。)

b. Hi. My name is Emi. E-M-I. I like pizza very much. (こんにちは。わたしの名前はエミです。E-M-I。わたしはピザが大好きです。)

(3) a. Hi. My name is Akira. I want a new soccer ball. (こんにちは。わたしの名前はアキラです。わたしは新しいサッカーボールがほしいです。)

b. Hi. I'm Koji. I want a new baseball cap.
(こんにちは。わたしはコウジです。わたしは新しい野球のぼうしがほしいです。)

2 (1) イ，オ (2) カ (3) ア，ウ

読まれた英語(訳)

(1) Hi. I'm Shota. I like baseball. I like ice cream, too. (こんにちは。わたしはショウタです。わたしは野球が好きです。わたしはアイスクリームも好きです。)

(2) Hi. My name is Aya. I like dogs very much. I want a brown dog.
(こんにちは。わたしの名前はアヤです。わたしは犬が大好きです。わたしは茶色の犬がほしいです。)

(3) Hi. My name is Natsumi. I like potatoes. I don't like carrots. I want a badminton racket.
(こんにちは。わたしの名前はナツミです。わたしはじゃがいもが好きです。わたしはにんじんが好きではありません。わたしはバドミントンのラケットがほしいです。)

3 (1) ① ⓘ ② ⓐ (2) ① ⓘ ② ⓐ

4 (1) A-Y-A (2) M-A-S-A-T-O

読まれた英語(訳)

(1) A : How do you spell your name?
(あなたの名前のつづりはどのように書きますか。)
B : A-Y-A. Aya. (A-Y-A。アヤです。)

(2) A : How do you spell your name?
(あなたの名前のつづりはどのように書きますか。)
B : M-A-S-A-T-O. Masato.
(M-A-S-A-T-O。マサトです。)

ポイント 名前のつづりを書くときは，1つずつのアルファベットを大文字で書き，間をハイフン（-）でつなぎます。

5 (例) I like baseball. (わたしは野球が好きです。)
I like red. (わたしは赤色が好きです。)
I like pizza. (わたしはピザが好きです。)

10 基本テスト① P.19-20 When is your birthday?

1 (1) a (2) b (3) a (4) b

読まれた英語(訳)

(1) April (4月) (2) September (9月)
(3) June (6月) (4) August (8月)

2 (1) ○ (2) × (3) ○

読まれた英語(訳)

(1) October 6th (10月6日) (2) July 7th (7月7日)
(3) March 3rd (3月3日)

ポイント (1)の6thのth，(2)の7thのth，(3)の3rdのrdなど，数字の後ろについている文字は，「～番目」という順番を表すためのものです。英語では，日にちを言うときには「何番目の日」という言い方をします。野球の「ファースト」の英語は1st，「セカンド」は2nd，「サード」は3rdです。

3
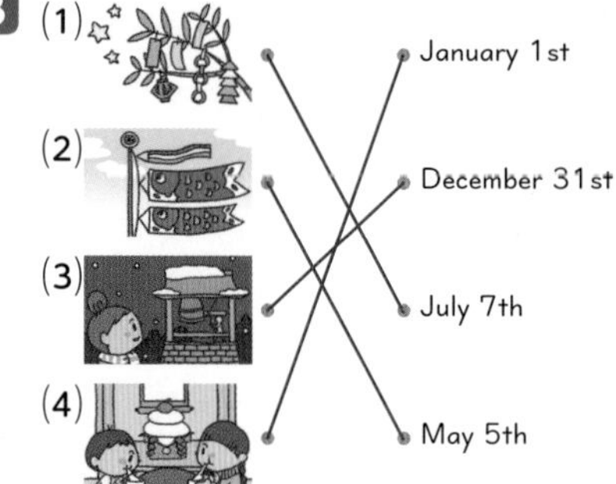

4 (1) November 9th (2) birthday

11 基本テスト② P.21-22 When is your birthday?

1 (1) a (2) b (3) b (4) b

読まれた英語(訳)

(1) Hi, Kana. When is your birthday?
— My birthday is February 4th.
(こんにちは，カナ。あなたの誕生日(たんじょうび)はいつですか。
— わたしの誕生日は2月4日です。)

(2) Hi, Masato. When is your birthday?
— My birthday is October 8th.
(こんにちは，マサト。あなたの誕生日はいつですか。
— わたしの誕生日は10月8日です。)

(3) Hi, Emi. When is your birthday?
— My birthday is September 15th.
(こんにちは，エミ。あなたの誕生日はいつですか。
— わたしの誕生日は9月15日です。)

(4) When is New Year's Eve?
— It's December 31st.
(大みそかはいつですか。— 12月31日です。)

ポイント (1)(2)(3) When is your birthday? は，「あなたの誕生日はいつですか。」とたずねるときの言い方です。答えるときは，My birthday is の後に月名と日にちをつけて言います。(4) 31st は「31日」という意味です。「1日」が1stなので，「21日」も「31日」も1の後にstがつきます。

2

読まれた英語(訳)

(1) I want a dog. (わたしは犬がほしいです。)

(2) I want a white T-shirt.
(わたしは白いTシャツがほしいです。)
(3) I want a green hat.
(わたしは緑色のぼうしがほしいです。)

3

4 (1) January (2) When

12 完成テスト P.23-24 When is your birthday?

1 (1) b (2) a (3) b

読まれた英語(訳)
(1) When is your birthday?
(あなたの誕生日はいつですか。)
a. It's my birthday. (わたしの誕生日です。)
b. My birthday is August 11th. It's in summer. (8月11日です。夏にあります。)
(2) When is New Year's Eve? (大みそかはいつですか。)
a. It's December 31st. I eat *soba*.
(12月31日です。わたしはそばを食べます。)
b. It's May 5th. I eat *kashiwamochi*.
(5月5日です。わたしはかしわもちを食べます。)
(3) What do you want for your birthday?
(あなたは誕生日に何がほしいですか。)
a. I want a new bag.
(わたしは新しいかばんがほしいです。)
b. I want new shoes.
(わたしは新しいくつがほしいです。)

ポイント (1) when は「いつですか」とたずねる言い方なので，日にちを答えている b が正しいです。(2) New Year's Eve は「大みそか」のことです。(3) for your birthday は，「誕生日に」という意味です。

2

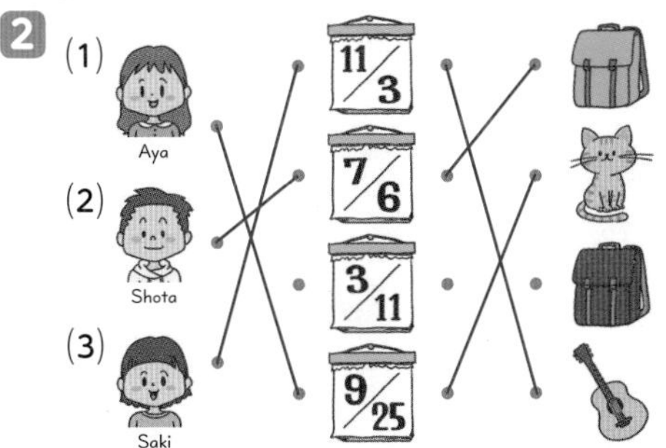

読まれた英語(訳)
(1) I'm Aya. My birthday is September 25th. I want a cat for my birthday.
(わたしはアヤです。わたしの誕生日は9月25日です。わたしは誕生日にねこがほしいです。)
(2) I'm Shota. My birthday is July 6th. I want a blue bag for my birthday.
(わたしはショウタです。わたしの誕生日は7月6日です。わたしは誕生日に青色のかばんがほしいです。)
(3) I'm Saki. My birthday is November 3rd. I want a guitar for my birthday.
(わたしはサキです。わたしの誕生日は11月3日です。わたしは誕生日にギターがほしいです。)

3 ① い ② あ

4 (1) March (2) book

読まれた英語(訳)
(1) When is your birthday?
— My birthday is March 23rd.
(あなたの誕生日はいつですか。
— わたしの誕生日は3月23日です。)
(2) What do you want for your birthday?
— I want a new book.
(あなたは誕生日に何がほしいですか。
— わたしは新しい本がほしいです。)

ポイント (1) 23rd は「23日」という意味です。「3日」が 3rd なので，「23日」も 23rd となります。

5 (例) January (1月) February (2月)
March (3月) April (4月)
May (5月) June (6月)
July (7月) August (8月)
September (9月) October (10月)
November (11月) December (12月)

13 基本テスト① P.25-26 What do you have on Mondays?

1 (1) a (2) a (3) b (4) b

読まれた英語(訳)
(1) Japanese (国語) (2) science (理科)
(3) math (算数) (4) arts and crafts (図工)

ポイント (1) Japanese は，「日本人，日本語，日本の」などの意味がありますが，教科を表すときは「国語」です。Japanese の最初の文字は必ず大文字にします。

2 (1) ○ (2) × (3) ×

読まれた英語(訳)
(1) vet (じゅう医) (2) soccer player (サッカー選手)
(3) teacher (教師(きょうし)，先生)

3

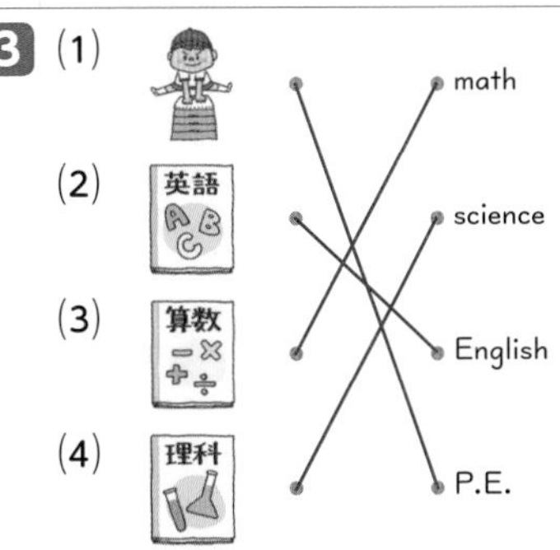

4 (1) Tuesday (2) Sunday

ポイント Tuesday「火曜日」やSunday「日曜日」のように，曜日を表す英語は最初の文字を必ず大文字にします。

14 基本テスト② P.27-28 What do you have on Mondays?

1 (1) b (2) a (3) b (4) a

読まれた英語(訳)

(1) What do you have on Mondays?
— I have social studies.
(月曜日には何がありますか。— 社会があります。)

(2) What do you have on Wednesdays?
— I have two English classes.
(水曜日には何がありますか。— 2つの英語の授業があります。)

(3) What do you have on Tuesdays?
— I have P.E. and science.
(火曜日には何がありますか。— 体育と理科があります。)

(4) Do you have music on Fridays?
— Yes. I have calligraphy, too.
(金曜日に音楽はありますか。— はい。書写もあります。)

ポイント (1)(2)(3) What do you have on ～?は，時間割(じかんわり)をたずねて「～曜日には何（の教科）がありますか。」の意味。(4) Do you have ～ on ...?は，「…曜日には～（の教科）はありますか。」と，ある曜日の時間割に，その教科があるかどうかをたずねる言い方です。

2 (1) (2) (3)

読まれた英語(訳)

(1) I have music on Mondays. I like music.
(月曜日に音楽があります。わたしは音楽が好きです。)

(2) I have P.E. on Tuesdays and Fridays. I like P.E. (火曜日と金曜日に体育があります。わたしは体育が好きです。)

(3) I want to be an English teacher. I like English. (わたしは英語の先生になりたいです。わたしは英語が好きです。)

3

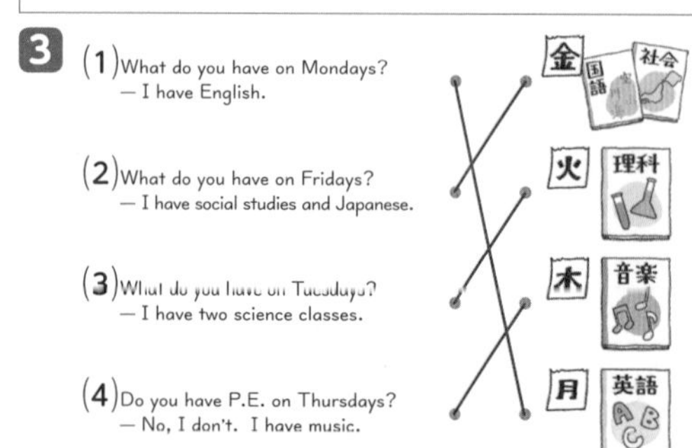

4 (1) arts and crafts (2) Thursdays

15 完成テスト P.29-30 What do you have on Mondays?

1 (1) b (2) a (3) b

読まれた英語(訳)

(1) What do you have on Mondays?
(月曜日には何がありますか。)
a. Yes, I have. (はい，あります。)
b. I have Japanese in the morning.
(午前中に国語があります。)

(2) What do you have on Tuesdays?
(火曜日には何がありますか。)
a. I have social studies and P.E.
(社会と体育があります。)
b. I have math and science.
(算数と理科があります。)

(3) Do you have music on Fridays?
(金曜日には音楽がありますか。)
a. Yes. I have calligraphy, too.
(はい。書写もあります。)
b. No. I have music on Wednesdays.
(いいえ。音楽は水曜日にあります。)

ポイント (1) bのin the morningは，「午前中に」の意味です。

2 (1) (2) (3)

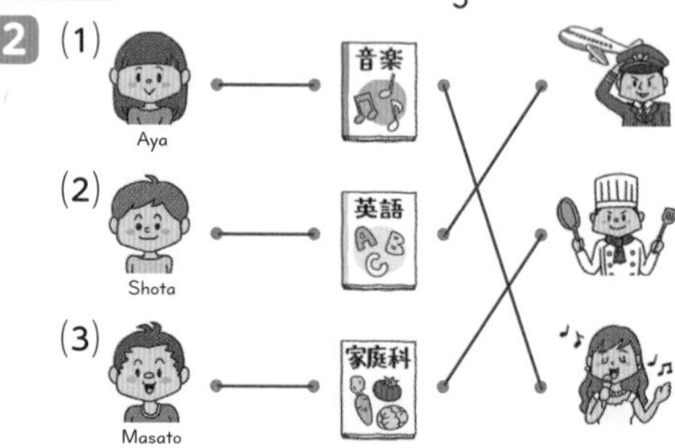

読まれた英語(訳)

(1) I'm Aya. I like music. I want to be a singer.
(わたしはアヤです。わたしは音楽が好きです。わたしは歌手になりたいです。)

(2) I'm Shota. I want to study English. I want to be a pilot. (わたしはショウタです。わたしは英語を勉強したいです。わたしはパイロットになりたいです。)

(3) I'm Masato. I like home economics. I want to be a cook. (わたしはマサトです。わたしは家庭科が好きです。わたしは料理人になりたいです。)

ポイント I want to be ～.は，「わたしは～になりたいです。」の意味で，将来(しょうらい)の夢(ゆめ)を伝える言い方です。

3 (1) ○ (2) × (3) ○

4 (1) Japanese (2) Tuesdays

5 (例) I like Japanese. (国語が好きです。)
I like English. (英語が好きです。)
I like math. (算数が好きです。)
I like science. (理科が好きです。)
I like social studies. (社会が好きです。)
I like arts and crafts. (図工が好きです。)

I like music.（音楽が好きです。）
I like P.E.（体育が好きです。）
I like home economics.（家庭科が好きです。）
I like moral education.
（道徳が好きです。）
I like calligraphy.（書写が好きです。）

16 基本テスト① P.31-32 What time do you get up?

1 (1) a (2) b (3) b (4) a

読まれた英語（訳）
(1) get up（起きる）
(2) eat breakfast（朝食を食べる）
(3) go home（家に帰る）
(4) study English（英語を勉強する）

ポイント (1) get up は，2語で「起きる」の意味になります。(3) go home は，「家に帰る」の意味です。

2 (1) ○ (2) ○ (3) ×

読まれた英語（訳）
(1) wash the dishes（皿を洗う）
(2) set the table（食卓の準備をする）
(3) take out the garbage（ごみ出しをする）

ポイント (1) dishes は「皿」の意味で，皿が2枚以上あることを表しています。「1枚の皿」は a dish と言います。

3

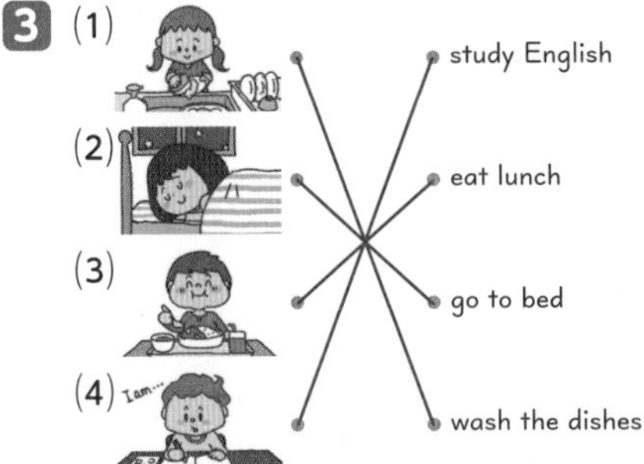

ポイント go to bed は「ねる，ベッドやふとんに入る」の意味です。

4 (1) clean my room (2) get up

17 基本テスト② P.33-34 What time do you get up?

1 (1) a (2) b (3) a (4) a

読まれた英語（訳）
(1) What time do you get up?
— At six.（あなたは何時に起きますか。— 6時です。）
(2) What time do you go to school?
— At eight thirty.
（あなたは何時に学校に行きますか。— 8時30分です。）
(3) What time do you take a bath?
— I take a bath at seven.
（あなたは何時にふろに入りますか。
— わたしは7時にふろに入ります。）
(4) What time do you go to bed?
— I go to bed at ten.
（あなたは何時にねますか。— わたしは10時にねます。）

ポイント What time do you ～? は，「あなたは何時に～しますか。」とたずねるときに使います。答えるときは，at の後に時刻を入れて言います。(3) take a bath は，「ふろに入る」の意味です。

2

読まれた英語（訳）
(1) I get up at seven.（わたしは7時に起きます。）
(2) I sometimes get up at six.
（わたしはときどき6時に起きます。）
(3) I always get up at seven thirty.
（わたしはいつも7時30分に起きます。）

ポイント (2)の sometimes は「ときどき」，(3)の always は「いつも」という意味です。

3

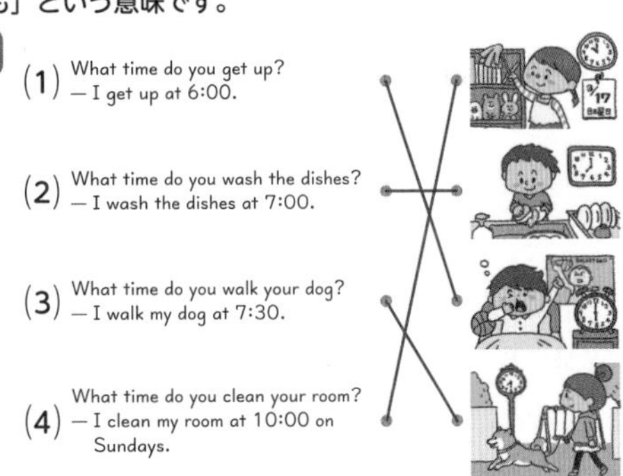

4 (1) I (2) What

18 完成テスト P.35-36 What time do you get up?

1 (1) b (2) a (3) a

読まれた英語（訳）
(1) What time do you get up?
（あなたは何時に起きますか。）
a. Yes, I do.（はい，します。）
b. I usually get up at seven thirty.
（わたしはたいてい7時30分に起きます。）
(2) What time do you walk your dog?
（あなたは何時に犬を散歩させますか。）
a. At seven o'clock in the morning.
（朝の7時です。）
b. I walk my dog.（わたしは犬を散歩させます。）
(3) What time do you go to bed?
（あなたは何時にねますか。）
a. I go to bed at ten.（わたしは10時にねます。）
b. I go to school at ten.
（わたしは10時に学校に行きます。）

ポイント (1) b の usually は，「たいてい」という意味です。起きる時間を答えている b が正しい答えです。(2) a の seven o'clock は「7時」を表します。(3) a の go to bed は「ねる」，b の go to school は「学校に行く」の意味です。

2 (1)

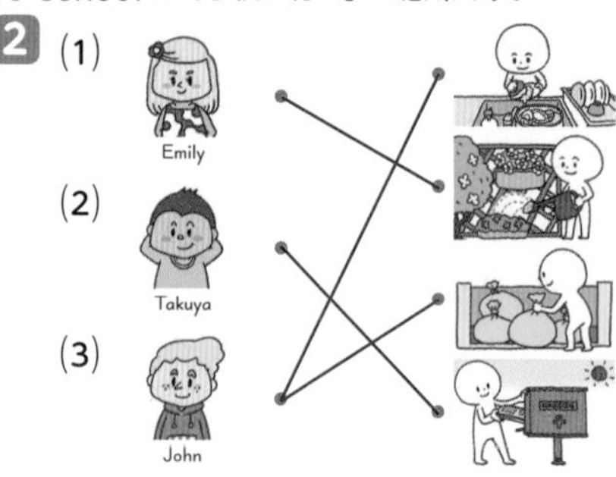

(2)

(3)

読まれた英語(訳)

(1) I'm Emily. I sometimes water the plants.
(わたしはエミリーです。わたしはときどき植物に水をやります。)

(2) I'm Takuya. I always get the newspaper in the morning. I never wash the dishes.
(わたしはタクヤです。わたしはいつも，朝，新聞を取ってきます。わたしはまったく皿を洗いません。)

(3) I'm John. I usually take out the garbage. I sometimes wash the dishes. (わたしはジョンです。わたしはたいていごみ出しをします。わたしはときどき皿を洗います。)

ポイント (2) never wash the dishes は，「まったく皿を洗いません」という意味なので，wash the dishes を選ばないようにしましょう。

3 (1) ① い ② あ (2) ① あ ② い

4 (1) What (2) get

ポイント (1) What time do you ～? で「あなたは何時に～しますか。」と何かをする時間をたずねることができます。文の最初の W は大文字で書きます。

5 (例) I go home at 3:00.
(わたしは3時に家に帰ります。)

I go home at 3:30.
(わたしは3時30分に家に帰ります。)

I go home at 4:00.
(わたしは4時に家に帰ります。)

I go home at 4:30.
(わたしは4時30分に家に帰ります。)

I go home at 5:00.
(わたしは5時に家に帰ります。)

I go home at 5:30.
(わたしは5時30分に家に帰ります。)

I go home at 6:00.
(わたしは6時に家に帰ります。)

I go home at 6:30.
(わたしは6時30分に家に帰ります。)

ポイント I go home at three thirty. のように時刻を英語で表すこともできます。

19 基本テスト① P.37-38 Can you run fast?

1 (1) a (2) b (3) b (4) a

読まれた英語(訳)

(1) swim (泳ぐ) (2) skate well (上手にスケートをする)
(3) cook well (上手に料理をする)
(4) jump high (高くジャンプする)

ポイント (2) skate は，この1語だけで「スケートをする」の意味を表します。日本語では「スケートをする」と言いますが，英語では do skate や play skate とは言いません。(2)(3) well は「上手に」の意味です。

2 (1) ○ (2) × (3) ○

読まれた英語(訳)

(1) play *kendama* (けん玉をする)
(2) do *kendo* (剣道をする)
(3) ride a unicycle (一輪車に乗る)

ポイント (1)の *kendama* や(2)の *kendo* のように，日本のもので，英語にあてはまることばがないものを書くときは，ななめの字（斜体）で書きます。「けん玉をする」は play *kendama*，「剣道をする」は do *kendo* と，「する」という意味を表す英語を使いわけることにも注意しましょう。

3 (1)

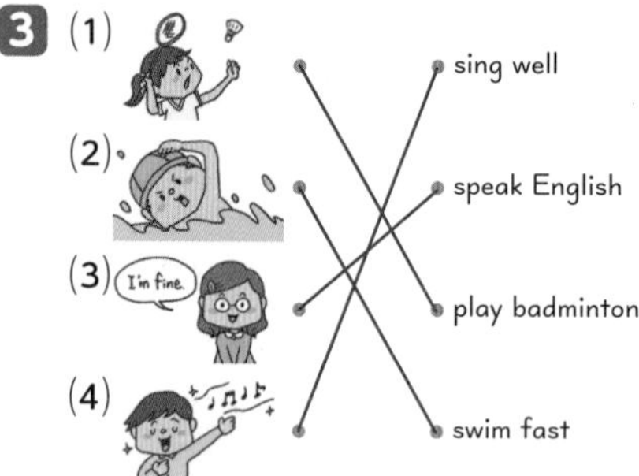

(2)

(3)

(4)

ポイント 「上手に歌う」は sing well，「速く泳ぐ」は swim fast と言います。

4 (1) run fast (2) play the piano

ポイント (2) play the piano のように，「(楽器) をひく」の意味を英語で表すときは，楽器の名前の前に必ず the を入れます。

20 基本テスト② P.39-40 Can you run fast?

1 (1) a (2) b (3) b (4) a

読まれた英語(訳)

(1) Can you run fast? (あなたは速く走ることができますか。)
— Yes, I can. (はい，できます。)

(2) Can you sing well?
(あなたは上手に歌うことができますか。)
— No, I can't. (いいえ，できません。)

(3) Can you play soccer?
(あなたはサッカーをすることができますか。)
— Yes, I can. I can play baseball, too.
(はい，できます。わたしは野球をすることもできます。)

(4) Can you speak Chinese?

（あなたは中国語を話すことができますか。）
— No, I can't. I can speak English.
（いいえ，できません。わたしは英語を話すことはできます。）

ポイント Can you ～？は，「あなたは～をすることができますか。」と，相手ができることをたずねる言い方です。Yes, I can. は「はい，できます。」，No, I can't. は「いいえ，できません。」と答えるときの言い方です。

2 (1) (2) (3)

🔊 読まれた英語(訳)
(1) This is Ken. He can do *kendo* well.
（こちらはケンです。彼(かれ)は上手(じょうず)に剣道(けんどう)をすることができます。）
(2) This is Shota. He can ride a unicycle.
（こちらはショウタです。彼は一輪車に乗ることができます。）
(3) This is Masato. He can play *kendama* well.
（こちらはマサトです。彼は上手にけん玉をすることができます。）

ポイント This is ～. は友だちを紹介(しょうかい)するときは，「こちら〔この人〕は～です。」という意味になります。

3

4 (1) Can (2) can't

ポイント (2)Can you ～？とたずねる文に「いいえ，できません。」と答えるときは No, I can't. と言います。

21 完成テスト P.41-42 Can you run fast?

1 (1) a (2) b (3) b

🔊 読まれた英語(訳)
(1) Can you run fast?
（あなたは速く走ることができますか。）
a. Yes, I can.（はい，できます。）
b. I run on Sundays.
（わたしは日曜日に走ります。）
(2) Can you play soccer well?
（あなたは上手にサッカーをすることができますか。）
a. I play soccer in the park.
（わたしは公園でサッカーをします。）
b. No, I can't. But I can play baseball.
（いいえ，できません。でも，わたしは野球をすることができます。）
(3) Can you cook curry and rice?
（あなたはカレーライスを作ることができますか。）
a. I can eat curry and rice.
（わたしはカレーライスを食べることができます。）
b. Yes. I can cook pizza, too.
（はい。わたしはピザを作ることもできます。）

2 (1) カ (2) イ，エ (3) オ

🔊 読まれた英語(訳)
(1) This is Aya. She can't play the piano. But she can play the recorder.
（こちらはアヤです。彼女(かのじょ)はピアノをひくことはできません。でも，リコーダーをふくことはできます。）
(2) This is Shota. He can swim fast. He can ski well, too.（こちらはショウタです。彼は速く泳ぐことができます。彼は上手にスキーをすることもできます。）
(3) This is Masato. He can do *kendo*. But he can't do *judo*.（こちらはマサトです。彼は剣道をすることができます。でも，柔道(じゅうどう)をすることはできません。）

ポイント (2)ski は，この１語だけで「スキーをする」の意味を表します。

3 (1) Ⓐ (2) Ⓐ

ポイント (1)は，Can you ～？とたずねる文と，それに答える文です。絵では，答えている人が，自分が上手にけん玉をしているところを思い浮(う)かべているので，Ⓐが正しい答えです。 (2)の絵は，友だちを紹介(しょうかい)している人が，友だちが上手に一輪車に乗っているところを思い浮かべているので，Ⓐが正しい答えです。

4 (1) Can (2) can't

5 (例) I can play badminton well.
（わたしは上手にバドミントンができます。）
I can play baseball well.
（わたしは上手に野球ができます。）
I can play table tennis well.
（わたしは上手に卓球(たっきゅう)ができます。）
I can play soccer well.
（わたしは上手にサッカーができます。）

22 基本テスト① P.43-44 I want to go to Italy.

1 (1) a (2) a (3) b (4) b

🔊 読まれた英語(訳)
(1) Italy（イタリア） (2) America（アメリカ）
(3) Australia（オーストラリア） (4) Japan（日本）

ポイント 英語の国名の読み方と，日本語の国名の読み方のちがいに注意しましょう。(3)の「オーストラリア」は，英語では「オーストレィリア」のように発音します。

2 (1) × (2) ○ (3) ○

🔊 読まれた英語(訳)
(1) buy（買う） (2) study（勉強する） (3) go（行く）

3 (1) eat (2) study (3) see (4) buy

4 (1) Canada (2) go

ポイント (1)の Canada「カナダ」のように，国の名前を書くときは，最初の文字を必ず大文字にします。

23 基本テスト② P.45-46 I want to go to Italy.

1 (1) b (2) a (3) b (4) b

読まれた英語(訳)

(1) I want to go to Italy.
(わたしはイタリアに行きたいです。)
(2) I want to study English.
(わたしは英語を勉強したいです。)
(3) I want to eat pizza. (わたしはピザを食べたいです。)
(4) I want to be an astronaut.
(わたしは宇宙飛行士になりたいです。)

2

読まれた英語(訳)

(1) A : Where do you want to go?
(あなたはどこに行きたいですか。)
B : I want to go to Canada.
(わたしはカナダに行きたいです。)
A : Why? (なぜですか。)
B : I want to see the aurora.
(わたしはオーロラを見たいのです。)
(2) A : Where do you want to go?
(あなたはどこに行きたいですか。)
B : I want to go to Osaka.
(わたしは大阪に行きたいです。)
A : Why? (なぜですか。)
B : I want to eat *takoyaki*.
(わたしはたこ焼きを食べたいのです。)
(3) A : Where do you want to go?
(あなたはどこに行きたいですか。)
B : I want to go to America.
(わたしはアメリカに行きたいです。)
A : Why? (なぜですか。)
B : I want to watch Major League Baseball in America.
(わたしはアメリカでメジャーリーグ野球を見たいのです。)

ポイント Where do you want to go? は「あなたはどこに行きたいですか。」と行きたいところをたずねる言い方です。I want to go to ～. は「わたしは～に行きたいです。」の意味です。Why? は「なぜですか。」と理由をたずねるときに使います。

3

(1) Where do you want to go?
— I want to go to Canada.

(2) What do you want to do in Australia?
— I want to see koalas.

(3) Where do you want to go?
— I want to go to America.

(4) What do you want to do in Kagawa?
— I want to eat *udon*.

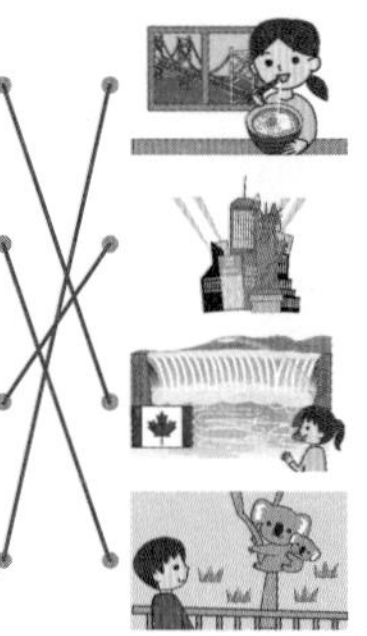

ポイント I want to ～. は，「わたしは～がしたいです。」の意味で，～の部分に動作を表すことばを入れていろいろな「自分がしたいこと」を伝えることができます。want to go to ～は「～に行きたい」，want to see ～は「～を見たい」，want to eat ～は「～を食べたい」の意味です。

4 (1) go (2) eat

24 完成テスト P.47-48 I want to go to Italy.

1 (1) a (2) b (3) b

読まれた英語(訳)

(1) Where do you want to go?
(あなたはどこに行きたいですか。)
a. I want to go to Peru.
(わたしはペルーに行きたいです。)
b. This is America. (これがアメリカです。)
(2) Where do you want to go?
(あなたはどこに行きたいですか。)
a. I want a hamburger.
(わたしはハンバーガーがほしいです。)
b. I want to go to Okinawa.
(わたしは沖縄に行きたいです。)
(3) What do you want to do in America?
(あなたはアメリカで何をしたいですか。)
a. I want to see the Eiffel Tower.
(わたしはエッフェル塔を見たいです。)
b. I want to buy a nice T-shirt.
(わたしはすてきなTシャツを買いたいです。)

ポイント (3) What do you want to do? は，「あなたは何をしたいですか。」の意味です。a の the Eiffel Tower「エッフェル塔」は，フランスのパリにある有名な塔です。絵はTシャツを買っているところなので b が正しい答えです。

2 (1) ブラジル，イ (2) フランス，エ
(3) 北海道，ウ

読まれた英語(訳)

(例) I'm Aya. I want to go to Kyoto. I want to visit old temples. (わたしはアヤです。わたしは京都に行きたいです。わたしは古いお寺をおとずれたいです。)

(1) I'm Shota. I like soccer. I want to go to Brazil. I want to watch soccer games.
(わたしはショウタです。わたしはサッカーが好きです。わたしはブラジルに行きたいです。わたしはサッカーの試合を見たいです。)
(2) I'm Saki. I want to go to France. I want to eat croissants and chocolate. (わたしはサキです。わたしはフランスに行きたいです。わたしはクロワッサンとチョコレートを食べたいです。)
(3) I'm Kento. I want to go to Hokkaido. I want to buy cheese cake.
(わたしはケントです。わたしは北海道に行きたいです。わたしはチーズケーキを買いたいです。)

3 (1) ① Ⓘ ② Ⓐ (2) ① Ⓘ ② Ⓐ

4 (例 1)

(1) I want to go to India.
(わたしはインドに行きたいです。)

(2) I want to see the Taj Mahal.
(わたしはタージマハルが見たいです。)

(3) I want to eat curry.
(わたしはカレーが食べたいです。)

(例 2)

(1) I want to go to Italy.
(わたしはイタリアに行きたいです。)

(2) I want to see the Colosseum.
(わたしはコロッセオが見たいです。)

(3) I want to eat pizza.
(わたしはピザが食べたいです。)

25 基本テスト① P.49-50 Where is the park?

1 (1) a (2) b (3) b (4) a

読まれた英語(訳)
(1) on the desk (つくえの上に)
(2) under the chair (いすの下に)
(3) in the basket (かごの中に)
(4) by the bed (ベッドのそばに)

ポイント (1)の on ～は「～の上に」, (2)の under ～は「～の下に」, (3)の in ～は「～の中に」, (4)の by ～は「～のそばに」という意味です。by は，となり合っているような，すぐ近くのときに使います。

2 (1) ○ (2) ○ (3) ×

読まれた英語(訳)
(1) turn left (左に曲がる)
(2) go straight (まっすぐ行く)
(3) turn right at the first corner
(1 番目の角で右に曲がる)

ポイント (1)(3) turn は，「(角を) 曲がる」という意味です。「左に曲がる」は turn left，「右に曲がる」は turn right と言います。(3)の at the first corner は，「1 番目の角で」という意味です。「2 番目の角で」は at the second corner と言います。

3

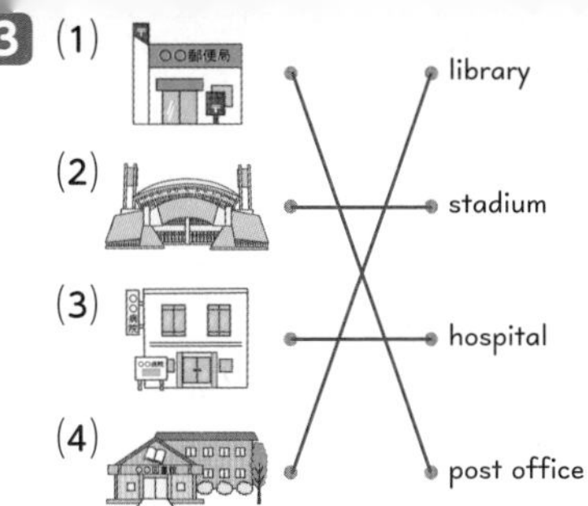

4 (1) on (2) school

26 基本テスト② P.51-52 Where is the park?

1 (1) b (2) b (3) a (4) a

読まれた英語(訳)
(1) Where is the book? (本はどこにありますか。)
— On the chair. (いすの上です。)
(2) Where is the cap? (ぼうしはどこにありますか。)
— It's in the box. (箱の中にあります。)
(3) Where is the racket? (ラケットはどこにありますか。)
— It's under the bed. (ベッドの下にあります。)
(4) Where is the clock? (かけ時計はどこにありますか。)
— It's on the wall. (かべにかかっています。)

ポイント Where is ～? は「～はどこにありますか。」とたずねるときの言い方です。(4)の on the wall は，「かべに (接して) かかっている」ことを表します。

2 (1) ○ (2) ○ (3) ×

読まれた英語(訳)
(1) Where is the station? (駅はどこにありますか。)
— Turn left. Go straight.
(左に曲がってください。まっすぐ行ってください。)
(2) Where is the stadium?
(スタジアムはどこにありますか。)
— Go straight for two blocks.
(2 区画分まっすぐ行ってください。)
(3) Where is the hospital? (病院はどこにありますか。)
— Turn right at the second corner. You can see the hospital on your left. (2 番目の角で右に曲がってください。その病院があなたの左手に見えます。)

ポイント (2) block は，道路にかこまれた，家や建物のひとまとまりを表し，two blocks は「2 区画」です。(3) at the second corner は「2 番目の角で」という意味です。

3 (1) ○ (2) × (3) ○ (4) ×

ポイント (4) on your right は，「あなたの右手に，右側に」という意味です。

4 (1) Where (2) Turn

27 完成テスト P.53-54 Where is the park?

1 (1) a (2) a (3) b

読まれた英語(訳)

(1) Where is the cap?（ぼうしはどこにありますか。）
a. On the desk.（つくえの上です。）
b. It's blue.（それは青色です。）
(2) Where is the cat?（ねこはどこにいますか。）
a. It's under the tree.（それは木の下にいます。）
b. In the basket.（かごの中です。）
(3) Where is the park?（公園はどこにありますか。）
a. I want to go to the park.（わたしは公園に行きたいです。）
b. Go straight. Turn right at the second corner.（まっすぐ行ってください。2番目の角で右に曲がってください。）

2 (1) イ (2) ウ (3) ア

読まれた英語(訳)

(1) Go straight for two blocks. Turn right. The supermarket is on your left.（2区画分まっすぐ行ってください。右に曲がってください。そのスーパーマーケットはあなたの左手にあります。）
(2) Turn right at the first corner. Go straight. You can see the hospital on your left.（1番目の角で右に曲がってください。まっすぐ行ってください。あなたの左手にその病院が見えます。）
(3) Go straight. Turn left at the second corner. You can see the bookstore on your right.（まっすぐ行ってください。2番目の角で左に曲がってください。その本屋があなたの右手に見えます。）

ポイント (1) The supermarket is on your left. は「スーパーマーケットはあなたの左手にあります。」という意味です。(2)(3) You can see ～. は「(あなたには) ～が見えます。」の意味です。

3 (1) イ (2) エ (3) ア

ポイント 【看板(かんばん)】に書かれている内容(ないよう)のとおりに，【地図】の道を指でたどってみましょう。

4 (例) The bag is on the wall.
（そのかばんはかべにかかっています。）
The bag is in the basket.
（そのかばんはかごの中です。）
The bag is under the desk.
（そのかばんはつくえの下です。）
The bag is by the bed.
（そのかばんはベッドのそばです。）

28 基本テスト① P.55-56 What would you like?

1 (1) b (2) b (3) a (4) a

読まれた英語(訳)

(1) beef steak（ビーフステーキ） (2) salad（サラダ）
(3) omelet（オムレツ） (4) pudding（プリン）

2 (1) × (2) ○ (3) ○

読まれた英語(訳)

(1) three hundred yen（300円）
(2) one hundred and twenty yen（120円）
(3) three hundred and fifty yen（350円）

ポイント hundredは「100」を表します。「100」はone hundred,「200」はtwo hundred,「300」はthree hundredと言います。日本語のお金の単位の「円」は，英語ではyenです。

3
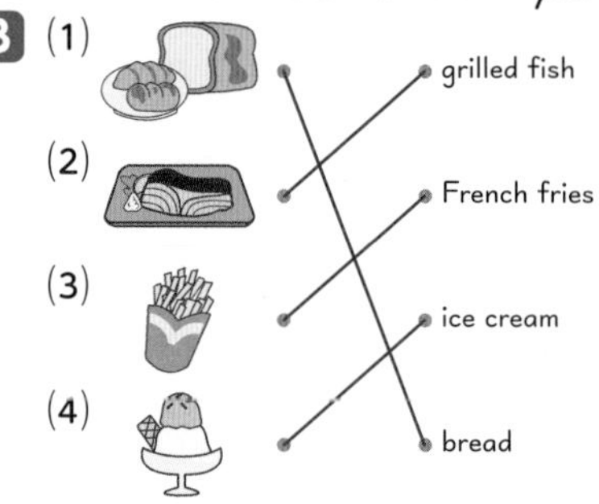

ポイント 日本語の「フライドポテト」は，英語ではFrench friesと言います。Frenchは「フランスの」という意味で国の名前なので，最初のFは大文字です。

4 (1) curry and rice (2) green tea

ポイント (1) curryは，rの字を2つ続けます。(2) greenは，eの字を2つ続けます。

29 基本テスト② P.57-58 What would you like?

1 (1) a (2) a (3) a (4) b

読まれた英語(訳)

(1) What would you like?（何をめしあがりますか。）
— I'd like pizza.（ピザをお願いします。）
(2) What would you like?（何をめしあがりますか。）
— I'd like *ramen*.（ラーメンをお願いします。）
(3) What would you like?（何をめしあがりますか。）
— I'd like beef steak and salad.（ビーフステーキとサラダをお願いします。）
(4) A：What would you like?（何をめしあがりますか。）
B：I'd like ice cream.（アイスクリームをお願いします。）
A：OK. Ice cream.（かしこまりました。アイスクリームですね。）

ポイント What would you like? はレストランなどで「何がよろしいですか。」と注文を取るときの言い方です。「～をください。」と答えるときは，I'd like ～. と言います。「～」には自分の注文したいものを入れます。

2
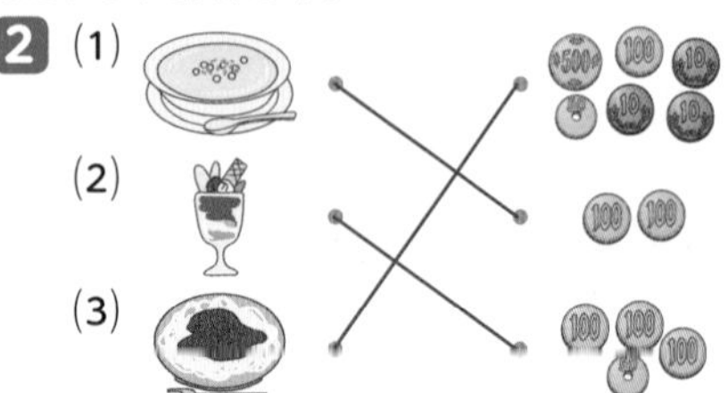

読まれた英語(訳)

(1) How much is the corn soup?（コーンスープはいくらですか。）
— It's two hundred yen.（200円です。）
(2) How much is the parfait?

（パフェはいくらですか。）
— It's three hundred and fifty yen.
（350 円です。）
(3) How much is the spaghetti?
（スパゲッティはいくらですか。）
— It's six hundred and eighty yen.
（680 円です。）

ポイント How much is ～? は「～はいくらですか。」と値段をたずねるときの言い方です。「50 円」は fifty yen, 「80 円」は eighty yen です。

3

4 (1) What (2) How

ポイント (1)答えの文が I'd like ～.「～をお願いします。」と注文するときの言い方なので，What would you like? が正しい質問です。(2)答えの文が It's 430 yen.「430 円です。」と値段を答えているので，How much ～? が正しい質問です。

30 完成テスト P.59-60 What would you like?

1 (1) a (2) a (3) b

読まれた英語(訳)

(1) What would you like?（何をめしあがりますか。）
 a. Curry and rice, please.
 （カレーライスをお願いします。）
 b. I like soccer.（わたしはサッカーが好きです。）
(2) What would you like for dessert?
（デザートには何をめしあがりますか。）
 a. I'd like fruit.（フルーツをお願いします。）
 b. I'd like *ramen*.（ラーメンをお願いします。）
(3) How much is this?（これはいくらですか。）
 a. At eight thirty.（8 時 30 分にです。）
 b. It's eight hundred and thirty yen.
 （830 円です。）

ポイント (2) for dessert は「デザートには」という意味なので，I'd like fruit.「フルーツをお願いします。」が正しい答え方です。(3) At eight thirty. は，「8 時 30 分に」と時刻を答える言い方です。

2

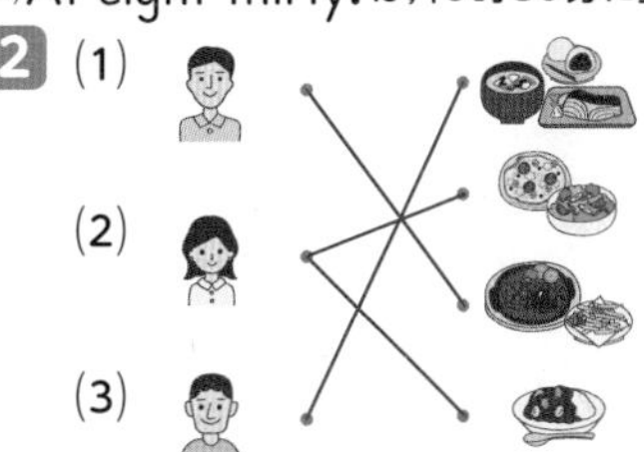

読まれた英語(訳)

(1) I'd like beef steak for the main dish and French fries on the side.（メインディッシュにはビーフステーキを，サイドディッシュにはフライドポテトをお願いします。）
(2) I'd like curry and rice for me. Pizza and salad for my sister.（わたしにはカレーライスを，姉〔妹〕にはピザとサラダをお願いします。）
(3) I'd like grilled fish and *miso* soup. *Daifuku* for dessert.（焼き魚とみそ汁をお願いします。デザートに大福をください。）

ポイント (2) for me は「わたしには」という意味，for my sister は「わたしの姉〔妹〕には」という意味です。2 人分の注文をしていることに注意しましょう。

3 (1) あ (2) い

ポイント (2)答えている人が「850 円です。」と言っているので，値段をたずねる How much is ～? が正しい質問です。

4 (1) How (2) like

読まれた英語(訳)

(1) How much is the omelet?
（オムレツはいくらですか。）
— It's eight hundred yen.（800 円です。）
(2) What would you like?（何をめしあがりますか。）
— I'd like a hamburger.（ハンバーガーをお願いします。）

5 (例) I'd like fruit.（フルーツをお願いします。）
I'd like ice cream.
（アイスクリームをお願いします。）
I'd like a parfait.（パフェをお願いします。）
I'd like pudding.（プリンをお願いします。）
I'd like cake.（ケーキをお願いします。）

31 基本テスト① P.61-62 Who is your hero?

1 (1) a (2) b (3) a (4) b

読まれた英語(訳)

(1) run fast（速く走る） (2) sing well（上手に歌う）
(3) good at math（算数が得意）
(4) good at playing the piano（ピアノをひくのが得意）

ポイント (3)(4) good at ～は「～が得意である，～が上手である」の意味です。

2 (1) × (2) ○ (3) ○

読まれた英語(訳)

(1) tired（つかれた） (2) friendly（親しい）
(2) cool（かっこいい）

3

4 (1) kind (2) brave

32 基本テスト② P.63-64 Who is your hero?

1 (1) b (2) a (3) a (4) a

読まれた英語(訳)

(1) Who is your hero? (あなたのヒーローはだれですか。)
— My hero is Kenta. He is good at playing soccer. (わたしのヒーローはケンタです。彼はサッカーをするのが上手です。)

(2) Who is your hero? (あなたのヒーローはだれですか。)
— My hero is my grandfather. He can do *judo* very well. (わたしのヒーローはわたしのおじいさんです。彼はとても上手に柔道をすることができます。)

(3) Who is your hero? (あなたのヒーローはだれですか。)
— My hero is Yoko. She can speak English very well. (わたしのヒーローはヨウコです。彼女はとても上手に英語を話すことができます。)

(4) Who is your hero? (あなたのヒーローはだれですか。)
— My hero is Ms. Sato. She is my music teacher. She is good at playing the piano. (わたしのヒーローは佐藤先生です。彼女はわたしの音楽の先生です。彼女はピアノをひくのが上手です。)

ポイント Who is ～? は「～はだれですか。」と人についてたずねるときの言い方です。

2 (1) (2) (3)

読まれた英語(訳)

(1) My hero is Aya. She is good at singing. (わたしのヒーローはアヤです。彼女は歌うのが上手です。)

(2) My hero is Shota. He is good at science. (わたしのヒーローはショウタです。彼は理科が得意です。)

(3) My hero is Saki. She is good at playing volleyball. (わたしのヒーローはサキです。彼女はバレーボールをするのが上手です。)

3

(1) Who is this?
— This is my sister, Emi.
She can dance well.

(2) Who is this?
— This is Mr. Ito.
He is good at *judo*.

(3) Who is your hero?
— My hero is Takuya.
He can run fast.

(4) Who is this?
— This is my grandmother.
She is good at cooking.

4 (1) Who (2) He

ポイント (1) My hero is Ayaka.「わたしのヒーローはアヤカです。」と答えているので，「あなたのヒーローはだれですか。」とたずねるWho is your hero? が正しい質問の文です。(2) My hero is my brother.「わたしのヒーローはわたしの兄〔弟〕です。」と男性について話しているので，男性の「彼は」を表すHeが正しい答えです。

33 完成テスト P.65-66 Who is your hero?

1 (1) b (2) a (3) b

読まれた英語(訳)

(1) Who is your hero? (あなたのヒーローはだれですか。)
a. Yes, he is. (はい，そうです。)
b. My hero is my sister.
(わたしのヒーローはわたしの姉〔妹〕です。)

(2) Who is your hero? (あなたのヒーローはだれですか。)
a. My hero is my dog. He can run fast.
(わたしのヒーローはわたしの犬です。彼は速く走ることができます。)
b. Kenta is my hero. He is my father. He can swim fast. (ケンタがわたしのヒーローです。彼はわたしの父です。彼は速く泳ぐことができます。)

(3) Who is your hero?
(あなたのヒーローはだれですか。)
a. This is my hero, Saki. She is good at playing *kendama*. (こちらがわたしのヒーローのサキです。彼女はけん玉をするのが上手です。)
b. My hero is my grandfather. He can play *shogi* very well.
(わたしのヒーローはわたしのおじいさんです。彼はとても上手に将棋をすることができます。)

2 (1) (2) (3)

読まれた英語(訳)

(1) I'm Aya. My hero is Emi. She is good at dancing. She is kind.
(わたしはアヤです。わたしのヒーローはエミです。彼女はダンスが上手です。彼女は親切です。)

(2) I'm Shota. This is my brother. He is good at math and science. He is cool. He is my hero. (わたしはショウタです。こちらはわたしの兄〔弟〕です。彼は算数と理科が得意です。彼はかっこいいです。彼がわたしのヒーローです。)

(3) I'm Masato. My hero is my father. He can speak English well. He can ski well, too. He is great. (わたしはマサトです。わたしのヒーローはわたしの父です。彼は上手に英語を話すことができます。彼はスキーも上手にすべることができます。彼はすばらしいです。)

3 (1) ① あ ② い (2) ① い ② あ

4 (1) Who (2) She

5 (例) He / She is cool.
(彼〔彼女〕はかっこいいです。)
He / She is kind.
(彼〔彼女〕は親切です。)
He / She is great.
(彼〔彼女〕はすばらしいです。)
He / She is brave.
(彼〔彼女〕は勇かんです。)
He / She is beautiful.
(彼〔彼女〕は美しいです。)

34 P.67-68 語句チェック(1)

1 (1) red (2) blue (3) apple
(4) potato (5) carrot (6) pizza
(7) chocolate (8) cake
(9) spaghetti (10) rice ball

読まれた英語(訳)
(1) red (赤色) (2) blue (青色) (3) apple (りんご)
(4) potato (じゃがいも) (5) carrot (にんじん)
(6) pizza (ピザ) (7) chocolate (チョコレート)
(8) cake (ケーキ) (9) spaghetti (スパゲッティ)
(10) rice ball (おにぎり)

2 (1) desk (2) hat (3) racket
(4) badminton (5) baseball
(6) soccer (7) in (8) music
(9) P.E. (10) science

読まれた英語(訳)
(1) desk (つくえ) (2) hat (ぼうし)
(3) racket (ラケット) (4) badminton (バドミントン)
(5) baseball (野球) (6) soccer (サッカー)
(7) in (〜の中に) (8) music (音楽) (9) P.E. (体育)
(10) science (理科)

35 P.69-70 語句チェック(2)

1 (1) kind (2) friendly (3) ball
(4) green tea (5) guitar
(6) America (7) Japan (8) China
(9) sport (10) name

読まれた英語(訳)
(1) kind (親切な) (2) friendly (親しい)
(3) ball (ボール) (4) green tea (緑茶)
(5) guitar (ギター) (6) America (アメリカ)
(7) Japan (日本) (8) China (中国)
(9) sport (スポーツ) (10) name (名前)

2 (1) park (2) post office
(3) stadium (4) tree (5) school
(6) police station (7) left (8) singer
(9) pilot (10) vet

読まれた英語(訳)
(1) park (公園) (2) post office (郵便局)
(3) stadium (スタジアム) (4) tree (木)
(5) school (学校) (6) police station (警察署)
(7) left (左へ) (8) singer (歌手)
(9) pilot (パイロット) (10) vet (じゅう医)

36 P.71-72 語句チェック(3)

1 (1) six (2) seven (3) summer
(4) spring (5) March (6) October
(7) December (8) Sunday
(9) Monday (10) birthday

読まれた英語(訳)
(1) six (6) (2) seven (7) (3) summer (夏)
(4) spring (春) (5) March (3月) (6) October (10月)
(7) December (12月) (8) Sunday (日曜日)
(9) Monday (月曜日) (10) birthday (誕生日)

2 (1) dog (2) cat (3) run (4) eat
(5) swim (6) walk (7) study (8) buy
(9) jump (10) wash

読まれた英語(訳)
(1) dog (犬) (2) cat (ねこ) (3) run (走る)
(4) eat (食べる) (5) swim (泳ぐ) (6) walk (歩く)
(7) study (勉強する) (8) buy (買う) (9) jump (とぶ)
(10) wash (洗う)

37 P.73-74 仕上げテスト(1)

1 (1) エ (2) イ (3) ウ (4) ア

読まれた英語(訳)
(1) baseball (野球) (2) April (4月)
(3) bag (かばん) (4) strawberry (いちご)

2 (1) b (2) a (3) b

読まれた英語(訳)
(1) **a.** Hi. I'm Mike. (こんにちは。わたしはマイクです。)
b. Hi. My name is Kenta.
(こんにちは。わたしの名前はケンタです。)
(2) **a.** My birthday is October 31st.
(わたしの誕生日は10月31日です。)
b. My birthday is November 13th.
(わたしの誕生日は11月13日です。)
(3) **a.** I like carrots. (わたしはにんじんが好きです。)
b. I don't like carrots.
(わたしはにんじんが好きではありません。)

4 (1) My (2) tennis

38 P.75-76 仕上げテスト(2)

1 (1) a (2) a (3) b (4) b

> 読まれた英語(訳)
> (1) science (理科) (2) P.E. (体育)
> (3) teacher (教師) (4) police officer (警察官)

ポイント (2) P.E. は physical education を短くしたことばです。(4) a の「消防士」は fire fighter と言います。

2 (1) ○ (2) × (3) ○

> 読まれた英語(訳)
> (1) get up (起きる) (2) wash the dishes (皿を洗う)
> (3) study English (英語を勉強する)

ポイント (2) wash は「洗う」ですが，そのあとのことばを注意して聞きましょう。

3

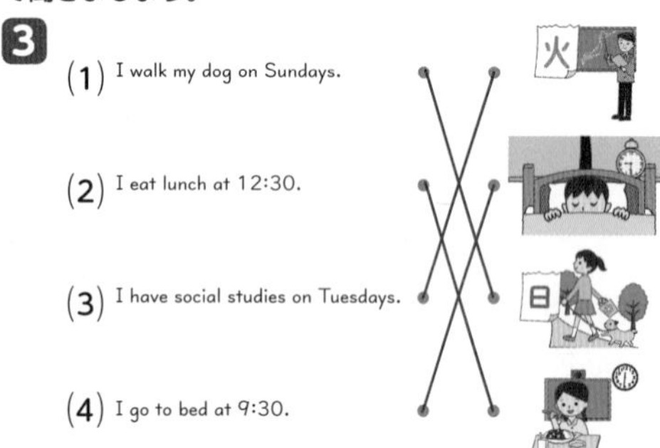

ポイント (1)(3) 曜日の前に on をおいて「～曜日に」という意味になります。(2)(4) at ～で時刻を表します。時計が示す時刻に注意しましょう。

4 (1) go (2) Wednesdays

39 P.77-78 仕上げテスト(3)

1 (1) オ (2) ウ (3) カ (4) エ

> 読まれた英語(訳)
> (1) eat (食べる) (2) study (勉強する)
> (3) ride a unicycle (一輪車に乗る)
> (4) speak English (英語を話す)

ポイント (3) unicycle は「一輪車」の意味です。自転車は bicycle，「三輪車」は tricycle と言います。

2 (1) ○ (2) × (3) ○

> 読まれた英語(訳)
> (1) Japan (日本) (2) Canada (カナダ)
> (3) Brazil (ブラジル)

ポイント (3)ブラジルのリオで行われるカーニバルは有名です。

3 (1) a (2) a (3) a (4) b

ポイント (1)「(楽器を) ひく」と「(スポーツを) する」はともに play を使います。(2) I can ～. は「わたしは～することができます。」の意味です。

4 (1) Can (2) want

ポイント (1) can を使って答えているので，質問も can を使います。(2) want to ～で「～したい」という意味です。

40 P.79-80 仕上げテスト(4)

1 (1) b (2) a (3) a (4) b

> 読まれた英語(訳)
> (1) grilled fish (焼き魚)
> (2) curry and rice (カレーライス)
> (3) one hundred and fifty yen (150円)
> (4) two hundred and thirty yen (230円)

ポイント (3)(4)「100」は hundred です。3けたの数は百の位と下の2けたに分けて，150 → 100 と 50，230 → 200 と 30 のように表します。200 は 100 が2つですが，two hundred と表し hundreds とならないことに注意しましょう。

2 (1) a (2) a (3) b

> 読まれた英語(訳)
> (1) a. cool (かっこいい) b. kind (親切な)
> (2) a. brave (勇かんな) b. beautiful (美しい)
> (3) a. gentle (やさしい) b. great (すごい)

ポイント (1) cool には「冷たい，すずしい」という意味もありますが，人について「かっこいい，すごい」などの意味でとてもよく使われます。

3 (1) × (2) ○

ポイント (1)本屋の場所をたずねています。at the first corner は「1番目の角で」の意味です。(2)病院の場所をたずねています。two blocks は「2区画」という意味です。

4 (1) Who (2) She

ポイント (1)「人」についてたずねるときは Who で始めます。(2) my grandmother は女性なので，She「彼女は」で表します。男性には He「彼は」を使います。

ウェブサイト でも **郵便はがき** でも **OK!**

お客さまの声をお聞かせください!

郵便はがき 今後の商品開発や改訂の参考とさせていただきますので、「郵便はがき」にて、本商品に対するお声をお聞かせください。率直なご意見・ご感想をお待ちしております。

※**郵便はがきアンケート**をご返送頂いた場合、図書カードが当選する**抽選の対象**となります。

抽選で毎月100名様に「図書カード」1000円分をプレゼント!

くもん出版の商品情報はこちら!

くもん出版では、乳幼児・幼児向けの玩具・絵本・ドリルから、小中学生向けの児童書・学習参考書、一般向けの教育書や大人のドリルまで、幅広い商品ラインナップを取り揃えております。詳しくお知りになりたいお客さまは、ウェブサイトをご覧ください。

くもん出版ウェブサイト
https://www.kumonshuppan.com

くもん出版　検索

くもん出版直営の
通信販売サイトもございます。

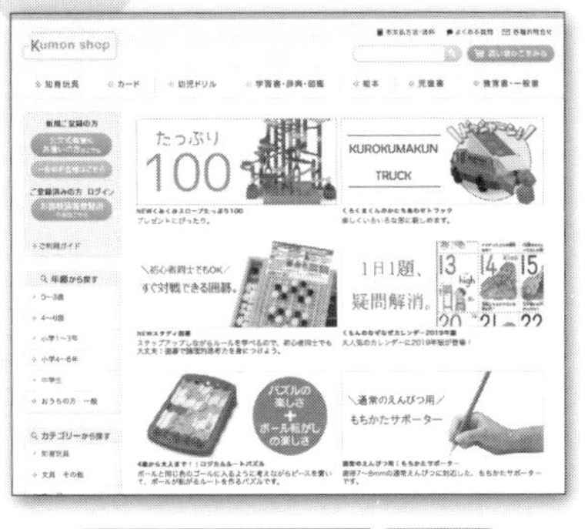

Kumon shop　検索

くもん出版 お客さま係　東京都港区高輪4-10-18 京急第1ビル13F　E-mail info@kumonshuppan.com
0120-373-415（受付時間／月～金 9:30～17:30 祝日除く）

『お客さまアンケート』個人情報保護について

「お客さまアンケート」にご記入いただいたお客さまの個人情報は、以下の目的にのみ使用し、他の目的には一切使用いたしません。
①弊社内での商品企画の参考にさせていただくため
②当選者の方へ「図書カード」をお届けするため
③ご希望の方へ、公文式教室への入会や、先生になるための資料をお届けするため
※資料の送付、教室のご案内に関しては公文教育研究会からご案内させていただきます。
なお、お客さまの個人情報の訂正・削除につきましては、お客さま係までお申し付けください。

きりとり線

郵便はがき

108-8617

恐れ入りますが、切手をお貼りください。

東京都港区高輪4-10-18
京急第1ビル 13F
（株）くもん出版
お客さま係 行

フリガナ
お名前
ご住所 〒□□□-□□□□ 都道府県 区市郡
ご連絡先 TEL（　　）
Eメール @

● 『公文式教室』へのご関心についてお聞かせください ●
1. すでに入会している 2. 以前通っていた 3. 入会資料がほしい 4. 今は関心がない

● 『公文式教室』の先生になることにご関心のある方へ ●
ホームページからお問い合わせいただけます → くもんの先生 検索
資料送付ご希望の方は○をご記入ください・・・希望する（　　）
資料送付の際のお宛名　ご年齢（　　）歳

選んで、使って、いかがでしたか？

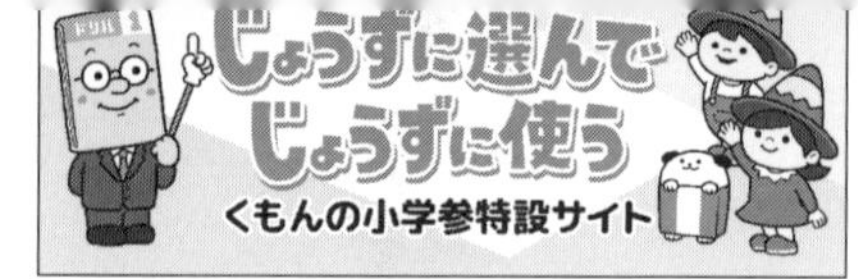

ウェブサイトへレビューをお寄せください

ウェブサイト

くもん出版ウェブサイト（小学参特設サイト）の「お客さまレビュー」では、
くもんのドリルや問題集を使ってみた感想を募集しています。
「こんなふうに使ってみたら楽しく取り組めた」「力がついた」というお話だけでなく、
「うまくいかなかった」といったお話もぜひお聞かせください。
ご協力をお願い申し上げます。

こちらから

くもんの小学参特設サイトにはこんなコンテンツが…

カンタン診断
10分でお子様の実力をチェックできます。（新小1・2・3年生対象）

お客さまレビュー
レビューの投稿・閲覧ができます。他のご家庭のリアルな声がぴったりのドリル選びに役立ちます。

マンガで解説! くもんのドリルのひみつ
どうしてこうなっているの? くもん独自のくふうを大公開。ドリルのじょうずな使い方もわかります。

<ご注意ください>

- 「お客さまアンケート」（はがきを郵送）と「お客さまレビュー」（ウェブサイトに投稿）は、アンケート内容や個人情報の取り扱いが異なります。

	図書カードが当たる抽選	個人情報	感想
はがき	対象	氏名・住所等記入欄あり	非公開（商品開発・サービスの参考にさせていただきます）
ウェブサイト	対象外	メールアドレス以外不要	公開（くもん出版小学参特設サイト上に掲載されます）

- ウェブサイトの「お客さまレビュー」は、1冊につき1投稿でお願いいたします。
- 「はがき」での回答と「ウェブサイト」への投稿は両方お出しいただくことが可能です。
- 投稿していただいた「お客さまレビュー」は、掲載までにお時間がかかる場合があります。また、健全な運営に反する内容と判断した場合は、掲載を見送らせていただきます。

きりとり線

57286 「小ド 学力チェックテスト5年生英語」

ご記入日（　　年　　月）

お子さまの年齢・性別　（　　歳　　ヶ月）　男 ／ 女

この商品についてのご意見、ご感想をお聞かせください。

よかった点や、できるようになったことなど

よくなかった点や、つまずいた問題など

このドリル以外でどのような科目や内容のドリルをご希望ですか？

Q1　内容面では、いかがでしたか？
1．期待以上　2．期待どおり　3．どちらともいえない
4．期待はずれ　5．まったく期待はずれ

Q2　それでは、価格的にみて、いかがでしたか？
1．十分見合っている　2．見合っている　3．どちらともいえない
4．見合っていない　5．まったく見合っていない

Q3　学習のようすは、いかがでしたか？
1．最後までらくらくできた　2．時間はかかったが最後までできた
3．途中でやめてしまった（理由：　　　　）

Q4　お子さまの習熟度は、いかがでしたか？
1．力がついて役に立った　2．期待したほど力がつかなかった

Q5　今後の企画に活用させていただくために、本書のご感想などについて弊社より電話や手紙でお話をうかがうことはできますか？
1．情報提供に応じてもよい　2．情報提供には応じたくない

ご協力どうもありがとうございました。

くもん出版